高效能
班组长的
七项技能

张坚◎著

机械工业出版社
CHINA MACHINE PRESS

图书在版编目（CIP）数据

高效能班组长的七项技能 / 张坚著 . —北京：机械工业出版社，2023.12（2024.4 重印）
ISBN 978-7-111-74233-3

Ⅰ. ①高…　Ⅱ. ①张…　Ⅲ. ①班组管理　Ⅳ. ① F406.6

中国国家版本馆 CIP 数据核字（2023）第 214227 号

机械工业出版社（北京市百万庄大街 22 号　邮政编码 100037）
策划编辑：谢晓绚　　　　　　责任编辑：谢晓绚　林晨星
责任校对：肖　琳　李　杉　责任印制：单爱军
保定市中画美凯印刷有限公司印刷
2024 年 4 月第 1 版第 2 次印刷
170mm × 230mm · 13.25 印张 · 1 插页 · 151 千字
标准书号：ISBN 978-7-111-74233-3
定价：59.00 元

电话服务　　　　　　　　　网络服务

客服电话：010-88361066　　机　工　官　网：www.cmpbook.com
　　　　　010-88379833　　机　工　官　博：weibo.com/cmp1952
　　　　　010-68326294　　金　书　网：www.golden-book.com
封底无防伪标均为盗版　机工教育服务网：www.cmpedu.com

　　"班组长"是我的主讲课程之一，像我一样讲"班组长"课程的老师有很多，也有老师专门讲"班组长"课程，市场上存在着大量关于班组长培训的需求，这说明企业渴求通过对班组长的培训提升班组长的技能，从而更好地推进班组工作，提升班组绩效。

　　我有一个微信公众号，经常发布关于精益管理、质量管理、管理能力提升、人际沟通、现场 5S 管理[⊖]、班组长技能等的文章，奇怪的是，关于班组长的文章的阅读量居高不下，哪怕是普普通通的关于沟通的文章，标题中加上"班组长"三个字，都能够拥有较高的阅读量。发布与班组长相关的文章是维持我微信公众号热度的独特法宝，这说明班组长与企业负责人一样，渴求通过日常学习提升自我技能。

　　也许因为意识到这样强烈的需求，市场上有关班组长的图书有近百本，其中不乏佳作。但有的图书仅仅针对班组管理的一个方面或一项技能展开论述，如班组的质量管理、班组的安全管理等。

　　⊖　为表述简洁，本书正文中将"现场 5S 管理"简称为"5S"。

我依据自己的经验积累，尝试着从另一个视角来呈现：成为一名高效能班组长应具备的七项技能。

本书前后写作了约半年时间，显现四个特点，各用一个字表达，分别是"简""实""易""人"（见图 0-1）。

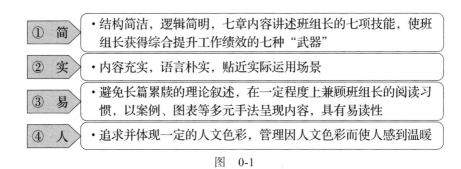

① 简	·结构简洁，逻辑简明，七章内容讲述班组长的七项技能，使班组长获得综合提升工作绩效的七种"武器"
② 实	·内容充实，语言朴实，贴近实际运用场景
③ 易	·避免长篇累牍的理论叙述，在一定程度上兼顾班组长的阅读习惯，以案例、图表等多元手法呈现内容，具有易读性
④ 人	·追求并体现一定的人文色彩，管理因人文色彩而使人感到温暖

图 0-1

本书共七章内容，每章讲述一项技能，力求讲实、讲透，旨在帮助读者朋友轻松理解、快速掌握且能运用到实际工作中去。每一章的主要内容如下（见图 0-2）。

本书结构简图

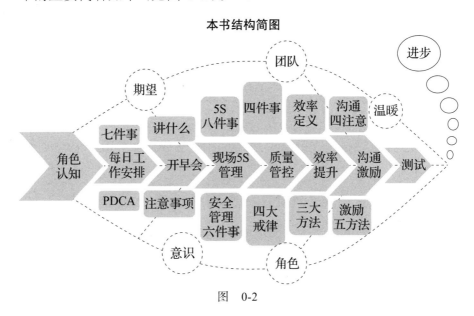

图 0-2

第一章，角色认知技能。一个人要做好一份工作，要先对自我的岗位有所认知。企业对班组长这种基层管理人员有怎样的期望？班组长需要具备哪些意识，需要扮演怎样的角色，需要掌握怎样的技巧才能管好人？这是本章将要探讨的内容。

第二章，每日工作安排技能。班组绩效来自每日工作的积累。每日工作管理的要点在于，在烦琐事务中"突出重点，抓重点""变被动为主动"，即主动管理好重点事务，使得班组长在班组事务管理中占有主动权。于是，我梳理出了适合大多数班组的"每日七件事"，即开早会、首样检验、生产巡线（也可称作"现场巡查"）、5S、解决问题、报表填写、交接班。其他班组在这七件事的基础上稍做调整，也能够合理运用。努力做好"每日七件事"，是班组苦练内功的时机。

本章还有一节讲解"目标导向"的工作推进方法——PDCA，并梳理出班组应用 PDCA 的三种典型场景。

第三章，开早会技能。第二章的"班组'每日七件事'"虽然提及开早会，但要想讲透需要较长的篇幅，于是单辟一章讲解，并将之当作七项技能之一。这一章的主要内容有早会的四大问题、早会的三点意义、早会可讲的八项内容、早会的六点注意事项、早会的七项评估。

开早会具有明显的叠加效应，"每天强调一点点，改变不止一点点"。开好早会，日积月累，能够在一定程度上打通现场管理的"任督二脉"。

第四章，现场 5S 管理技能。基础不牢，地动山摇。5S 就是这样的"基础"。5S 具有"十效大补丸"的功效，能够在一定程度上消除现场十种不良现象。5S看起来是实干型事务，但没有知识打底，这种"干"常常会沦为"蛮干"。本章花费一定篇幅讲解5S的基本知识，进而阐述班组5S应该做好的八件事。

在5S的基础上开展安全管理是顺理成章的事——5S早在创立之初，就有"安全始于整理、整顿，而终于整理、整顿"的说法。本章有关安全管理的内容，重点讲述了安全管理的三个基本理念以及班组安全管理需要做好的六件事。

第五章，质量管控技能。班组是质量系统的一部分，同时，班组需要执行好系统输出的各项质量要求。从务实的角度讲，班组质量管控需要重点做好四件事，分别是落实各项检验、管控不合格品、管控4M1E[⊖]、提升员工质量意识。

质量管控的最终目的是提升客户满意度。班组要体现出自身在质量管控方面的价值，还需要遵守四大戒律。四大戒律是班组质量工作须一直遵守的底线原则。

第六章，效率提升技能。本章主要讲解效率提升的三大基础方法，即质疑法、作业动作改善法、时间损失分析法。这三大方法的基本理论源自美国的工业工程技术以及日本的精益生产技术。

第七章，沟通激励技能。班组长的沟通工作追求两大目标，促进解决问题与塑造温暖有爱的团队氛围。激励是在良好沟通的基础上的一种行为。班组长在日常工作中可运用的五种激励方法为善用表扬、恰当地批评、让员工有所成长、给员工参与的机会、善用寒暄。

⊖ 即"人""机""料""法""环"，详见第五章。

　　每章的最后，都有一篇延伸阅读，或对文中知识点做补充性说明，或站在更高的角度做知识拓展，可视作"正餐"后的"点心"，用以提升读者阅读的兴趣。

　　七项技能的相关阐述旨在促进班组长做好三件事，即"管好人""做对事""常改善"。

　　班组常被人形容为"麻雀虽小，五脏俱全"。班组虽是基层组织，通常人也不多，但班组长需要掌握的技能很多，涉及安全管理、质量管控、效率提升、沟通管理等，其管理领域的跨度也较大，这给这本书的写作带来了一些挑战。

　　虽然我的写作初心是简洁、系统地呈现实用性内容，但书中内容难免存在疏漏，在此恳请读者朋友多多指正。

|目　录|

01

第一章

角色认知技能

　　每个层级的管理者都需要做角色认知，以了解企业的期望、应具备的意识、应扮演的角色等，从而恰如其分地做好本岗位的工作，发挥自己的价值。

　　班组长尤其需要做角色认知，这是因为大多数班组长是第一次走上管理岗位，对管理知识涉猎较少。

一、企业的三点期望

谁是班组长

班组长是带领几人、几十人或上百人组成的班组，工作在现场，完成现场各项任务的一线管理者或督导者。

企业一般都设有班组长这一岗位，不同的企业称呼会有所不同，有的称为领班、店长，有的称为拉长、线长，也有的称为工段长、一线主管。

在有些企业里，班组长是一种"大"的称呼，其内部还有一定的层级划分，如组长的上级为工段长或作业长，组长又管着几个班长，他们统称为班组长。在规模不大的企业内，主管或主任类人员会被划归进班组长的范畴。

对企业而言，班组管理知识不仅对班组长重要，对更高层级的管理者同样重要。班组管理一向是企业内部管理的一个重要关注点，因为企业决策的执行落地依赖班组。

企业设置班组长这个岗位，将班组委托给班组长进行管理，常常隐含了三点期望。

1. 定心于现场

现场指生产产品或提供服务的一线场所。越来越多的企业意识到，"没有一流的现场，就没有一流的企业"。

　　某大型企业在全国各地设有多家工厂，每家工厂的规模都很大。有一次，董事长在其中一家工厂车间巡查时，想找工程部的工程师问些情况，现场没找到，就去工程部的办公室找。结果，走出车间，七拐八拐走了很长的一段路才找到工程部的办公室。

　　这是一间工程部、设备部、质量部等部门联合办公的大办公室。董事长将工程师召集在一起，问了他们一个问题："假如企业管理的问题最终归结为两个问题，会是哪两个问题？"

　　工程师面面相觑，不知如何作答。董事长自己说出了答案："企业管理的问题如果最终归结为两个问题，那就是远离客户、远离员工。"

　　随后董事长提高了音量："你们的办公室远离现场，就等于远离了客户，远离了员工。"说完，董事长愤而离去。

　　没过几天，这间大办公室的人员搬到了车间旁边办公。

关于现场，流传着很多名言，如"现场有神灵"，这是指如果重视并做好现场工作，现场会如同有"神灵"相助一般给予相应的回报。又如，"三现主义：现场、现物、现实"，这是不少企业贴在墙上的名言，是指要多到现场去，查看现物，依据现实做出相应的决策。大多数企业的现场还符合"3 个 70%"的特征，即 70% 的人工作在现场，70% 的问题发生在现场，70% 的成本使用在现场。

班组长工作在现场，可能认知不到现场的重要性，此外，现场工作相对繁杂琐碎，导致不少班组长不能定下心来做好现场工作，这样的心态很难做好班组工作。

事实上，现场工作大有可为，可拓展的空间非常大，现场对个人能力的锤炼效果也非常显著。定心于现场，是企业对班组长的第一点期望。

2. 体现务实性

对于班组长，务实的典型做法是从小处着手，将基础性事务做好，注重日积月累的提升。不务实的典型做法是好大喜功、夸夸其谈、缺乏耐心，受不得半点委屈。

一位大学生毕业后进入某企业担任班组长一职。这家企业的传统是，所有大学生入职后先从基层做起，意在培养新入职人员的务实作风。需要说明的是，该企业班组长的收入在同行业中处于中上水平。

这位大学生进入企业后，不能定心于现场。刚进企业没多久，就给企业领导写了一封万言书，大谈企业应如何变革、企业文化应如何建设及应如何用人。企业领导颇感尴尬：这位大学生进企业还没多久，对企业状况还不了解，而且之前从未在企业工作过，就大谈变革、文化、用人的话题？

虽然"敢于直言"的勇气可嘉，但方案终究不太妥当，于是，企业领导回复了他几句批评加勉励的话。谁知，这位大学生收到回复后，立刻提出了辞职。

由于不务实的想法与做法，这位大学生接连换了好几家企业，后来很长一段时间都找不到新的工作。

班组长作为基层管理者，不务实不足以做好现场工作，难以体现出班组的价值。体现务实性是企业对班组长的第二点期望。

3. 提升执行力

企业的成功，5%的因素在战略，95%的因素在执行。很多时候，企业的战略并没有错，之所以在激烈的市场竞争中败下阵来，就是因为执行方面输给了竞争对手。

新能源汽车刚刚兴起时，众多企业进入这个赛道，应该说这些企业的战略方向都拿捏得很准。然而，渐渐地，不少企业由于竞争力不足逐步退出了赛道，究其原因，执行的过程出了问题。

班组就是执行单位，企业的各种战略、目标、规划最终要在班组落地，通过班组执行而转换为结果。班组长通过一定的方式、方法提升班组的执行力，是班组长体现工作价值的亮点所在。简言之，提升执行力是企业对班组长最大的期望，班组长只有定心于现场、体现务实性，才有可能提升执行力。

二、班组长的四个意识

意识是人对事物的基本认知，是行为的先导，具有良好意识的人做事会顺畅很多，容易出成绩。大多数班组长是第一次走上管理岗位，要完成从员工到管理者的华丽转身，就需要具备四个基本的意识。

1. 管理意识

所谓管理意识，指班组长在做好自我的同时，要有意识地去引导员工、纠正员工的不当行为、激励员工，塑造团队的正能量和良好氛围，最终发挥出团队的价值。

有些班组长想着做"老好人"，对员工的不当行为"睁一只眼，闭一只眼"，任其自流。有些人被提拔为班组长之后，依然保持"埋头苦干"的"朴素作风"，良好作风的保持，本应令人拍手称赞，然而这当中存在一个问题——他们没有意识到自己还是管理者，对整个班组负有一定的管理责任。这就是班组长缺乏管理意识的两种典型状况。

该管的没有去管，管理者不仅不能建立信赖关系，而且极有可能导致团队缺乏正义感——"是非不分"的状况会使团队应有的价值难以发挥出来。

2. 问题意识

所谓问题意识，指班组长应尽早地识别问题、发现问题，并尽早予以解决，这样问题造成的损失小，解决问题的成本低，而且问题解决起来相对容易。

依照问题出现的时间点，我们可以将问题分为三个类型：第一个类型，问题尚在萌芽阶段，还未显现；第二个类型，问题刚刚显现；第三个类型，问题不仅已经显现，而且已经大肆发作。这三个类型的问题造成的损失以及解决问题的成本是截然不同的。问题越是发现得迟，解决得晚，造成的损失以及解决问题的成本通常越大。

不少班组长的工作看起来很忙，其实不是忙别的，是忙于各种"救火"——问题来了，就要去"灭火"。班组长的这种"脚踩西瓜皮，滑到哪里算哪里"的做法，就是缺乏问题意识的典型表现。

问题意识要求班组长具有这样的认知——不能等问题上门了再去解决，要尽可能早地去识别与解决，从而掌握工作的主动权。

3. 改善意识

所谓改善意识，指班组长要在日常作业之余进行必要的改善，从而使工作越来越顺畅，效率越来越高。

工作事实上包含了两个部分，一是日常作业，另一是改善，日常作业占比一般为85%～95%，改善占比一般为5%～15%，也就是说，工作应以作业为主，但改善绝不可少。

一些班组长满足于完成生产指标，停留于日常作业的状态。这种情况下，班组的现状难以改变，长期处于"原地踏步走"的状态。

好的做法是在日常作业的基础上，开展一定的改善工作，这种改善会令日常作业越来越顺畅、人员配合度越来越高，效率也会得到提升。

班组改善应着眼于日常的小改善，遵循0.6秒法则。

0.6 秒法则

0.6 秒法则的完整描述为：凡是可以节约 0.6 秒作业时间的改善都值得高度重视。

0.6 秒仅为 1 分钟的 1%，嘀嗒一声不到的时间，极短小。0.6 秒法则提醒班组长，改善应从小处着手，涓涓细流汇成大河——小改善积累得多了，会促成大转变。

我在企业现场，曾看到来自员工的一个小改善。员工需要将放在托盘上的螺丝拿起来装到产品上，但螺丝在托盘上滑来滑去，并不好拿。这位员工在托盘上面铺了一层薄薄的海绵，这样一来，螺丝就不会滑来滑去，更方便拿取。这个改善动作后来被纳入作业指导书之中。

这个小改善就符合 0.6 秒法则。0.6 秒法则要求班组长重视来自员工的小建议、小改善，重视员工智慧的发挥。0.6 秒法则有助于保护员工的改善热情，并促进形成从细节处开展各种改善的文化。

人人都有改善能力，事事都有改善空间。改善意识是在管理意识、问题意识基础之上的一种意识，其前提是发挥出团队的作用，发现问题，进而更好地开展改善工作。

4. 学习意识

无论是管理意识、问题意识还是改善意识，落实到行动中都需要扎实的知识功底。工作中的学习追求适度的实用性，即学习工作中能用得上的知识，或者有助于自身职场发展的知识。这样的学习不仅使人更有动力，也容易使人因为知识的及时运用而获得成就感。

许多公司考察一个人是否具有潜力有三项内容：①学习能力强不强（据此考察这个人能否更上一层楼）；②能否扛住压力（据此考察这个人能否承担更大的责任）；③胸怀如何（据此考察这个人能否承受委屈）。从这里可以看出，学习能力强不强是许多公司判断一个人是否具有潜力的首要因素。

班组长通过学习提升知识水平，有助于班组工作的推进，同时，也有助于将知识向下传播，带动员工共同成长，促进学习型班组的形成。

这四个意识是班组长推进工作应具有的基本意识。具备这四个意识，易于使班组长把好"舵"，带领班组在前进的道路上"乘风破浪"。

三、班组长的五大角色

班组长的职位虽低，但需要扮演的角色却并不少（见图1-1），正因为如此，班组长这个岗位的"弹性空间"非常大，角色扮演的差异性使优秀班组长与一般班组长之间的差距非常大。

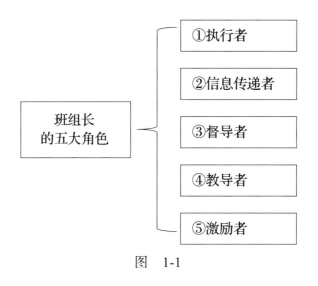

图   1-1

1. 执行者

班组长作为班组的代表，需要执行来自上司（或企业）的指令，将工作落到实处，体现出执行效力。通常，班组长接收的指令有：

（1）生产任务的指令。

（2）加强某项工作（如 5S、安全、质量等）的指令。

（3）改善措施落地的指令。

（4）临时或零星的指令，如收集数据、通知加班等。

班组长作为基层管理者，执行以及带着班组做好执行工作，是班组长的基本职责之一。

2. 信息传递者

班组长作为信息桥梁，需要将指令及时传递给员工，也需要将员工的想法、意见及时传递给上级。

现场出现问题时，班组长可自行解决一部分问题，但大多数时候，班组长需要作为联络者将信息传递出去，促进问题的解决。例如，工装夹具出现问题时，班组长可联络设备部门进行解决。在某些特定情况下，班组长需将信息传递给外部，如通知供应商来现场检验，或将检验数据发给客户方的工程师。

3. 督导者

班组长需要督导现场员工的工作：是否按作业标准作业；是否严格遵守安全规范；是否及时开展了自检、互检、标识不合格品的工作；等等。作为督导者，班组长对布置给员工的任务或提出的要求，应及时跟进与检查。

4. 教导者

班组长担负着教导员工的职责。班组长教导员工难有成效，常由于缺乏耐心以及未遵循"循序渐进"的方式。

工作教导一般分为四个步骤，其中第二步和第三步可交替进行（见图 1-2）。

图　1-2

（1）准备工作：了解被教导者的情况，介绍将要学习的内容以及应达成的目标，营造相对轻松的氛围。

（2）传授工作：讲解并演示作业步骤，对作业要点进行强调，清楚表达并耐心地教导。

（3）试做工作：让被教导者试做。让被教导者一边试做一边讲出步骤，在试做过程中，纠正其错误，再让被教导者讲出作业过程中的要点，如此反复。

（4）上线作业：让被教导者上线作业，指定相应的协助人，直到被教导者能够完全独立作业。

工作教导遵循"被教导者没学会是教导者没教好"的基本原则。优秀班组长在工作教导过程中常展现出自己的亲和力，进而会提升班组的凝聚力。

5. 激励者

班组长除了以身作则、处事公平公正外，应善于发现员工身上的亮点，给予肯定与表扬，同时给予员工参与、成长的机会。班组长除了自己参与改善，还需要激励班组成员参与到改善中来。

以上五种角色，在工作中是相互关联的，比如在督导过程中，班组长若发现员工执行到位、表现优异，应及时给予表扬，这时就要实现督导者与激励者两重角色的自然切换。

班组长所应扮演的角色，一定程度上对应着班组长应担负的职责。

四、管人的六个基本技巧

班组长不会管人，容易出现离职率高、人员消极颓废或缺乏干劲的状况。有企业负责人说，"我们的班组长没有威望，管不动人，自己只知道像'老黄牛'那样工作"，这样的班组长，一方面缺乏管理意识，另一方面缺乏管理技巧。班组长管人的过程，同时是树立威望的过程。

1. 以身作则

关于以身作则，我们先来看一则来自《红楼梦》的小故事。

《红楼梦》第九回中有这样一个故事。贾宝玉等人在家族办的学堂上课，老师名叫贾代儒，其长孙叫贾瑞，贾瑞有时会代理学生的管理工作。贾瑞是"图便宜，没行止"的人，常以权谋私，勒索学生们请他吃喝玩乐。

有一天，贾代儒外出，学堂里发生打斗事件，贾瑞怕事情闹大了不好交代，上前劝解。谁知他虽为"名正言顺"的学生管理者，劝解却起不到半点作用，没有一个人将他放在眼里，越闹越凶。直到贾宝玉身边一个叫李贵的仆人出现，才阻止了纷争。叫停闹剧后，李贵当着众人的面耻笑贾瑞："不怕你老人家恼我，素日你老人家到底有些不正经，所以这些兄弟才不听。"

贾瑞的故事告诉我们，一个行为不端、不能以身作则的人，是无法树立威望的，更无法管好人。

孔夫子有一句话："其身正，不令而行。"一个人以身作则，站得正、行得端，能够于无形之中形成一股"威严"之气，产生正向的影响力，别人会效仿他的样子努力将事情做好。孔夫子还有一句话：

"其身不正，虽令不从。"一个人如果自身行为不端，哪怕下达明确的指令，别人也不会听从。

以身作则是班组长开展管理工作的首要原则。若做不到以身作则，别人就不会服气，树立威望、激励员工等都将无从谈起。

2. 顺势而为

顺势而为在这里是审时度势、循序渐进的意思。尚未树立威望的新上任的班组长，如果要求过于严格，可能遭遇抵制，使工作难以开展。

> 当年，张瑞敏刚上任时，他发现员工本应八点钟来上班，但十点钟时，厂区内还几乎看不见人。其实，这个时候如果颁布什么指令或规则，无异于"对牛弹琴"。张瑞敏以身作则，逐步培养员工的意识。时机成熟后，张瑞敏通过砸质量不合格的冰箱，一下子把所有人给"砸醒了"。自此，员工的面貌为之一变，企业进入快速发展期。

班组长有着做一番成绩出来的想法是对的，但也不能操之过急，先"顺势"，赢得众人支持，逐步扭转班组以往的不良状况，当人人具有好的意识时，相当于构建了新的"势"，再去推进工作将会简单得多。

3. 有核心拥趸

核心拥趸，指坚定的支持者。要管好人，班组长就得有核心拥趸。

> 杨志押送生辰纲，以失败告终，原因多种多样，其中一个非常关键的因素就是杨志没有核心拥趸。杨志带领这个押

送生辰纲的班组有十几名士兵与三个副手（一个老都管、两个虞候），但没有一个人是杨志的核心拥趸，如果有核心拥趸帮着他"敲敲边鼓"，班组成员会更好地服从杨志的命令。事实上，杨志提出的"风险预警"对于防范"贼人"是有作用的，然而总是招致一片反对声，最终遭遇失败也是意料之中的事。

核心拥趸绝不是靠私下许以好处换来的，而是班组长通过自身的行为触动了同样具有良好品性、想做事的人。核心拥趸会想：我们的班组长是真心做事的人，我们应该拥护他，帮他树立一定的威望。发现这样的人，并善加运用，班组长就能打造出好的班组氛围。

4. 建立恰当的工作关系

这里所说的工作关系主要指班组长与班组成员的工作关系。在工作关系差的工作场所中，人们感受不到人与人之间的温情，这自然会增加日常管理的难度。建立恰当的工作关系有四个要点。

（1）明确告知工作要求。

如果不明确告知工作要求，下属做出了结果，再去指责他这没做好、那没做对，他自然不会服气。

（2）秉持公平、公正的原则。

遵循合理的原则以及人们普遍认同的道理，一碗水端平，不偏袒任何一个人。

（3）理解每个人都有独特个性。

尊重个体差异，体现对人的关爱。

（4）设身处地为他人考虑。

做相关决定时，需要考虑到下属的利益。

如果缺乏恰当的工作关系，班组成员很可能心怀委屈，心里想的不是如何做好工作，而是怎样找机会离开这里。若大多数成员都这样想，不难想象，工作质量以及效率都难以得到保障。恰当的工作关系不仅能使成员愉悦地工作，还能对提升工作效率有显著的作用。

5. 管好"老油条"

"老油条"指资历较深但表现比较冷漠、世故圆滑的员工，他们多数时候会给团队带来不好的影响。如何管好"老油条"？首先要去了解"老油条"为何成了"老油条"，有的有一定的"历史原因"。

> 我刚参加工作时大学生还不是很多，那时候，一位重点大学毕业的大学生在企业工作两三年后就成了"老油条"。刚进企业时，他踌躇满志、认真负责，但企业许诺他的条件大多没有兑现。提拔干部时，被提拔的是无论学历还是能力都稍差一些的一位"关系户"。这些情况使这位很优秀的大学生逐渐心灰意冷，成了"老油条"。

对于上述这样的"老油条"，应更多地给予"同理心"。用好这样的人，在某些情况下，班组长能赢得"朋友"。

对待"老油条"，通常有两种方式——"敬之，用之""冷之，改之"。对于本质好、有能力的"老油条"，应该"敬之，用之"；对于自身原因形成的"老油条"，应"冷之，改之"，适度冷处理，在适当的时机下，促成"老油条"的转变。

6. 给众人信心

班组成员如果对班组长有信心，就会觉得跟对了人，就会干劲十足、士气高昂。好的班组长应该平衡好各方的关系，在这个基础上，做出一些业绩，并将业绩或进展展示出来，给成员信心，让大家觉得，付出与坚持是值得的。

班组长管人的这六个基本技巧，可作为班组长自我审视的一份清单，对照这份清单，班组长需要自问：我哪些地方做得还不够好？

管人不在于"心理战"，更不在于"伎俩"。管人的目的在于，纠正人员的不当行为，塑造关爱、积极的工作氛围，以便能够高效完成日常工作并达成一定的挑战性目标。倘若成员表现较好，班组长的工作重点则不在于管人，而应更多地给予引导与激励。

| 延伸阅读 |

唐僧是如何树立威望的

班组长管人与树立自身威望相辅相成，在管好人的过程中会自然树立威望，树立了威望有助于管好人。唐僧与班组长有几分相似，管理着一个"小班组"。唐僧一开始并没有威望，那么他是如何一步步树立自己的威望的呢？

1. 有定力

"唐僧班组"除唐僧外，共有四人，分别是悟空、八戒、沙僧与白龙马，他们都曾"称霸一方"，大多有"作恶"经历，哪会轻易服人管，因此唐僧一开始面临的挑战非常大。

好的管理者需要有定力，不管外界如何纷繁复杂，首先得要求好自己、做好自己。唐僧的定力使他的影响力逐步发挥出来。在众人眼里，"这位僧人不是闹着玩儿的，他是真心要去西天取经"，渐渐地，班组成员开始被"这位僧人"影响，逐步接受唐僧的理念。

2. 有一定的专业能力

唐僧手无缚鸡之力，但专业能力是其他人无可比拟的——专业能力就在于他对佛经的钻研与精通。班组长应具有一定的专业能力，专业能力通常体现为对产品、工艺、质量等的熟悉度，某些关键点能够了然于心。专业能力有助于班组长构建自身威望。

3. 赢得上司的支持

"唐僧班组"一开始并不好管理，摩擦不断，处于分崩离析的边缘。怎么办？唐僧有办法，他"向上管理"的能力特别强，无论是观音、如来，还是大唐皇帝，都是唐僧的坚定支持者。上司的坚定支持，使唐僧走过最初的困难时期。

4. 管理"刺头"

"唐僧班组"有一个"刺头"悟空，能力强，个性也强，不服管。怎么办？唐僧有妙招。因为上司对他的坚定支持，给了他"紧箍咒"这个法宝。悟空违规时，唐僧用"紧箍咒"来约束悟空。需要注意的是，后来班组氛围非常好，唐僧再也没有用"紧箍咒"这样的惩戒，而是注重发挥悟空的特长，让他在降妖除魔时担当主导者的角色。

班组长遇到"刺头"怎么办？有没有诸如"紧箍咒"的法宝？也

有，就是企业颁布的各项规则制度。企业任命班组长，事实上就是授权班组长做好规则运用与规则执行的监督工作。

5. 正视团队的磨合过程

"唐僧班组"走过了从"摩擦不断"到"相互磨合"，再到"士气高涨"的过程。任何一个班组都会经历磨合过程，班组长应该正视这个过程，在这个过程中无须焦虑或者过度着急。通常，经过磨合的班组，其配合度与凝聚力会更好。

6. 将自己的目标变成整个班组的目标

唐僧能树立威望，还有一个核心因素，就是他慢慢地将自己的目标变成整个班组的目标。

> 我曾与一位厂长聊天，厂长分享他的管理心得：员工清闲时不好管，忙起来时，反而好管。这是因为大家都把心思、精力放在达成目标上，没有心思"惹是生非"。

唐僧通过"碎碎念"等各种方法，使"去西天取经"成为整个班组的一致目标。优秀的班组长也应该给予班组一定的导向目标，如当日生产指标、质量指标的完成，每一阶段班组的提升目标，以及挑战性问题的解决等。

7. 打造成就感

"去西天取经"这项工作开展一段时间后，班组成员披荆斩棘，经历无数挑战，离目标越来越近，这让成员感受到了成就感。这种成就感，促进班组氛围更和谐，成员更拥护唐僧的领导。

8. 不奢求过高的威望：只为达成目标

威望也不是越高越好，一个人威望过高可能会变得"骄奢"，听不见他人的建议，这种状况反而不利于决策与管理。

唐僧在这方面有足够的理智，他不奢求过高的威望，他只是将他所积攒的威望用于领导班组达成目标。这样的良好心态使唐僧的威望具有"顺其自然"与"可持续性"的特性。

唐僧从八个方面为自己树立了恰当且充沛的威望，并将威望用于班组管理之上，最终带领班组，从西天取得真经而归。

02

第二章

每日工作安排技能

　　企业对班组长有三点期望，一是定心于现场，二是体现务实性，三是提升执行力，用一句话来表达就是，期望班组通过现场的务实工作，以高效执行来达成业绩。

　　这种务实性与执行力要求班组将一天天的工作做好。那么，班组的每日工作怎样安排才更为高效？这就是我们下面要探讨的话题。

一、班组长的时间管理

大多数班组长的状态可用一个"忙"字形容，某些时候他们看上去比董事长还要忙，他们好像习惯了忙碌的状态，或者他们自己不愿意闲下来。有时，我会在企业现场招呼班组长帮忙做点事情，但好像从来没有耽搁他们正在做的事情。

班组长可能很少去思考，这么忙的效果到底如何？有没有可能，既不要那么忙，又能够做出业绩？这就是一个关于时间管理的问题。

班组长的时间有两个特点，一个是琐碎性，一个是被动性。琐碎性好理解，所谓被动性，指班组长常常被"推着走"，一会儿小王找，一会儿小李找，一会儿上司找，一会儿问题来了，迫在眉睫不得不去处理。班组长常有一种感觉：一天忙忙碌碌，好像做了很多事，又好像什么事都没做，一天就过去了。

班组长的时间利用主要有两个改善方向，一个是在繁杂琐碎的事务中紧抓重点，另一个是变被动的姿态为主动。

1. 时间四象限原则

工作时间是用来做事的，时间管理的实质是事务管理。管理学家柯维按照两个维度"重要性"与"紧急性"将事务分为四个象限（见图 2-1）。时间管理的奥秘主要在于对这四类事务分别对待。

- 不重要不紧急的事务：一般不做。
- 不重要但紧急的事务：有选择地做，做不做的主动权在当事人。

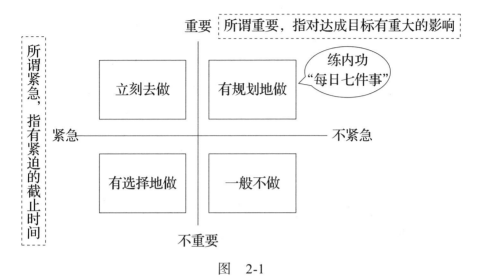

图　　2-1

- 重要不紧急的事务：有规化地做（例如，5S 的提升、早会开展的优化、班组长个人技能的提升等，如何对待这类事务，稍后将细讲）。
- 既重要又紧急的事务：处理这类事务如同"救火"，必须予以优先，若不及时处理，不良影响会蔓延开来（例如，生产线停工、设备故障、生产质量问题、上司安排的紧急任务等）。

事实上，所谓"既重要又紧急"没那么绝对，常存在一些"有那么一点重要性又紧急的事务"，这类事务是班组长"救火"的主要对象。

班组长要提升时间利用的效率，重点或机会在哪里呢？就在上述的"重要不紧急的事务"，做好这类事务通常可以"改善现状背后的本质""通过长久机制提升管理水准"，这是练内功、从根本进行提升的机会。

识别出"重要不紧急的事务",不断地去做好这类事务,"救火"会不断减少,班组的工作效率会越来越高。

2. 一日工作的重点

孔子曾站在河岸上感叹:"逝者如斯夫,不舍昼夜。"时间像流水一般逝去,不分白天与黑夜。近代管理大师德鲁克也指出,时间是企业最宝贵的资源,所以需要运用好时间,发挥出时间的价值。

确定"重要不紧急的事务",结合每日的工作,"日拱一卒,功不唐捐",既能够确保每日工作的顺利开展,又能够不断提升团队的内功。

我梳理出大多数企业班组每日通常要做的七件事,分别是开早会、首样检验、生产巡线、5S、解决问题、报表填写、交接班。

企业可根据自身状况,对这七件事做出适度调整。也有企业会为班组制定一张清单,明确每天的工作重点。类似这样的做法,可以让工作重点突出,同时,因为包含了一定的"重要不紧急的事务",有助于班组管理的内功锤炼与提升。

3. 利用好碎片时间

班组长的时间呈碎片化,但其中有一定的可自由支配的碎片时间。如果利用这种时间适度放松与调整,是人之常情。在这个基础上,如何进一步利用,从而变被动为主动呢?

有一个简单的方法就是编制"琐事清单"。当有空时,瞄一眼清单,挑出一两件来做。图2-2展示了一位班组长某一天的琐事清单。

琐事清单

①填写清扫工具申领单

②整理办公桌抽屉，做好表率

③跟副班长说，让她主持一次早会

④找小李谈心：小李昨天情绪有点低落，了解一下缘由

⑤确定三个去总部培训的人员

⑥快到月底了，做月度小结

图　2-2

琐事清单好比备忘录，提醒班组长空闲时用碎片时间处理琐事，时间久了，也会有一定的积累效应。

班组长高效利用自己时间的两个基本技巧：一个是"突出重点，抓重点"，另一个是"变被动为主动"，主动地去管理一些事务。

二、班组"每日七件事"

生活中有"开门七件事"（"柴米油盐酱醋茶"）的说法，我为班组工作梳理出"每日七件事"，这七件事的排序大体上依循了从开班到当班结束的时间顺序，分别是开早会、首样检验、生产巡线、5S、解决问题、报表填写、交接班（见图2-3）。

1. 开早会

早会，也称为晨会或班前会，一般在开班的时候开。一日之计在于晨，一天的工作始于早会。

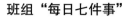

班组"每日七件事"

图　2-3

早会是明确要求、强化要点、给员工鼓劲的机会。正如体育锻炼前,人们需要做热身运动一样,早会相当于正式工作前的热身。早会开得好,开得到位,在一定程度上可以打通现场管理的"任督二脉"。

明确要求,指布置清楚工作任务以及具体的要求;强化要点,指强调作业过程中的注意事项、质量关键点;给员工鼓劲,指将刚上班的员工的状态调整过来,使团队充满干劲。

早会不是"即兴表演",需要班组长事先做一定的准备,将要讲的内容一一列好,在早会上有条理地讲出来。

2. 首样检验

通常,早会后开始一日的工作,此时需要做的重点事务就是"首样检验"。顾名思义，首样检验是对当班班次生产出的第一个或前几个产品进行质量验证。

如果没有首样检验，很可能批量性不良出现后才发现问题，此时已经造成较大损失，为避免这种损失，开班后需要进行首样检验。

首样检验通常由专职检验员操作，以确保一定的客观性，检验产品一般为 1 ~ 3 件，根据企业的具体状况而定。

首样检验的注意事项有：①依照规定的数量检验；②及时填写检验记录；③如检出不合格品，应通知暂停生产，直至问题解决后再恢复生产。

成熟产品的首样检验、日复一日的重复性检验可能导致检验人员的警惕性下降，不能及时检查出问题，因此，管理人员对检验工作的核实以及对检验人员开展考核都有一定的必要性。

对于非制造型企业，首样检验我们可以理解成在正式工作前对各项工作是否准备就绪的检查。

3. 生产巡线

生产巡线有一定的机动性，并不在特定的时间进行，通常班组长有空闲时间就应该去做。

生产巡线的常规内容有：①检查有无异常状况，如有，应及时解决；②了解 4M1E 的状况；③检查 5S 的状况；④与员工交流，了解员工的想法或建议；⑤跟进生产进度，如有异常，应及时调整。简而言之，生产巡线的主要目的是掌控现状以及及时发现问题。

生产巡线过程中如何更好地发现问题？这里提供 3 个可参考的方法。

第一，清单法。班组长将以往现场出现的问题罗列出来，同时，将作业中的易错点、难点罗列出来，合并成一张清单，参照清单开展生产巡线工作，这样容易发现问题，也容易检查以往的错误是否得到纠正。

第二，静观法。在现场选择一个地点，静静地站 5 到 10 分钟。由于静站观察时间较长，很容易发现一些平时未注意到的问题。

第三，摄影法。将现场状况拍成照片或视频，在计算机上进行观看，这样可能会发现一些平时注意不到的细节问题，从而开展相应改善。

4. 5S

基础不牢，地动山摇。基础性工作未做好，其他工作的推进就会存在难点，5S 就是这样的基础性工作。通常，做好基础性工作可以消除很多鸡毛蒜皮的问题。

有的人说，每天每人应该花 5 到 10 分钟来做 5S，这样的观念有失偏颇，好的 5S 应该是"时时 5S，事事 5S"。

班组 5S 的基本要点有以下几项。

（1）物品及时归位，如清扫工具的归位、叉车用完之后的归位。

（2）标识物品状态，如标识半成品、成品的型号、数量等。

（3）及时清理现场作业垃圾，如铁屑等。

（4）及时做好设备清扫、点检工作。

（5）及时维护现场标识线、标识牌以及可视化看板。

（6）保持整体环境的干净整洁。

5S 工作不仅基础，也容易出亮点，做好了，会给人赏心悦目的感受并增强班组成员的信心。客户看到条理井然的现场，会顿生好感，班组成员也是如此，会喜欢在整洁有序的环境中工作。长期坚持前 4 个 S 的推进工作，人们会养成良好的习惯，即拥有第 5 个 S（素养）。

5S 是现场管理的重要工具，相关技能是成为高效能班组长应具备的七项技能之一，后面将单辟一章进行详细的讲解。

5. 解决问题

班组长常常忙于"救火"，这说明解决问题是班组长在日常工作中必须开展的一项事务。一位企业家曾说，企业管理就是及时发现问题，及时解决问题。大到企业，小到班组，皆是如此。我们可以从不同的角度来认识问题（见图 2-4）。

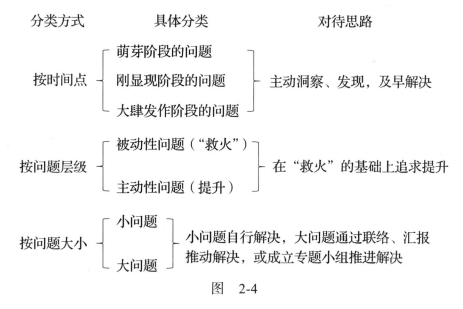

问题的简要分类

图　2-4

（1）按时间点（问题出现的时间点）来分，问题可分为萌芽阶段的问题、刚显现阶段的问题以及大肆发作阶段的问题。从这个角度讲，班组长要主动洞察问题、发现问题，及早解决，避免更多损失。这对应我在班组长应具备的四个意识部分提及的内容。

（2）按问题层级来分，问题可分为被动性问题与主动性问题。解决被动性问题，就是我们所说的"救火"，这类问题不解决，日常工作就无法顺畅开展下去。主动性问题是为达成更高目标而显现的问题，解决主动性问题有明显提升管理效能的作用。

被动性问题与主动性问题有一定的关联。被动性问题呈零星性，大多当场可予以解决。一旦被动性问题反复出现，则需要将被动性问题升格为主动性问题，找出背后的机理，一劳永逸地予以解决。

（3）按问题大小来分，问题可分为小问题与大问题。一般情况下，对于小问题，班组长可自行解决；对于大问题，班组长需要通过联络其他部门、汇报给上司来推动解决，或者成立专题小组推进解决。

所有的大肆发作阶段的问题、小部分被动性问题、大部分主动性问题、所有的大问题的解决都具有一定的挑战性。

班组长解决问题时有六点注意事项，把握这些注意事项有助于班组长更好地解决问题（见图2-5）。

（1）将问题分类。通过对问题分类，将同一类问题当作主动性问题予以"一揽子"解决。如通过对问题分类，发现不少质量问题是由员工缺乏质量意识导致的，那么，通过提升员工的质量意识可以解决这类问题。

（2）将问题描述清楚。面对各类问题，只有将之描述清楚，才能开展具体的分析工作。如果问题描述不清，可能会导致后续解决问题的动作无法聚焦或者方向错误。

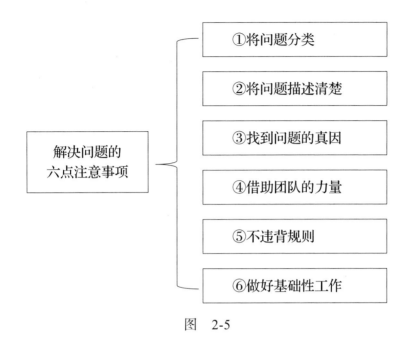

图 2-5

（3）找到问题的真因。当问题由多种因素造成时，应找出主要原因，主要原因简称为要因。例如，员工离职率高是由多种因素造成的，后经调查发现，薪水低与工作环境差是两个要因。

当问题由多层因素造成时，应找出根本原因，根本原因简称为根因。例如，员工周一迟到了，第一层原因是早上睡过了，第二层原因是昨晚睡得太晚（导致早上睡过了），第三层原因是昨晚没有任何困意（导致睡得太晚），第四层原因是昨天中午睡了长长的午觉（导致昨晚没有任何困意）。"中午睡了长长的午觉"就是根因。

要因与根因统称为真因（真正原因），只有查找到真因，才能"对症下药"，采取对应的措施。

（4）借助团队的力量。面对各类问题，可发挥成员的智慧，请大家"七嘴八舌"地讲一讲可能的原因，从中再梳理出要因或根因。

有一些问题需要跨部门合作才能解决，此时切忌"闭门造车"，应借助跨部门的团队力量予以解决。

（5）不违背规则。有些班组长解决问题时图快、图省事，会违背规则（或流程），这是不允许的。比如，某任职于生产床上用品的家纺企业的班组长为解决生产进度方面的问题，让员工直接省去了"产品内部是否有断针"的检验步骤。企业负责人了解后，只得追回刚刚发出的产品，全部检验一遍，并撤了这位班组长的职。

不违背规则有一个注意点，即某条规则与"安全第一"规则相冲突时，应以"安全第一"为准则。

（6）做好基础性工作。这是常被人们忽视的解决问题的方法。做好基础性工作，看起来没有解决哪个具体问题，但是由于做好了基础性工作，很多问题会消失无踪，不会或不再出现了。从实践来看，做好基础性工作可解决"成片"的问题，这是做好基础性工作的价值所在。

关于解决问题，我们需要掌握两句名言。第一，"没有问题是最大的问题"，如果我们看不到问题，就会满足于现状，就不会有任何进步的机会，这恰恰是一个大问题。第二，"问题是改善之母"，这句话告诉我们，问题的存在有积极的一面，能够引导我们开展改善工作，而且人员在解决问题的过程中技能会得到提升。

6. 报表填写

生产现场不仅流动着产品，还流动着大量的信息，这些信息汇总起来将为管理层提供决策依据，同时，管理层能从中发现一些问题。

对于信息汇总，班组能起到的作用，就是及时、正确地填写报表，这些报表上的信息就是"信息源"。

明朝有一位叫周忱的官员，有每天记日记的习惯。他的日记内容描述详尽，每天的阴、晴、风、雨都会被记录下来，如某天午前晴、午后阴，某日东风，某日西风。

在周忱担任江南巡抚期间，一位运送粮食的船主上告，说行船遇到大风而失事。周忱问船主："是哪天发生的事，是午前还是午后，刮的是西风还是东风？"船主面对这样的问题，胡诌一通应对。周忱拿出自己的日记本，一一说来当日的情况。在"铁证"面前，这位船主很快招供，是自己动了歪心想欺诈官府。⊖

周忱的日记就相当于生产线的报表，这些报表保存了当时的生产信息，提供了可追溯性，并为解决问题提供了一定的依据。

班组的报表填写有这些注意事项：①及时填写；②确保信息的正确性；③填写完整。此外，需要注意，在实际的生产中，报表可能存在"无效""过时"的状况，班组长需要及时向相关人员提出来，以减少员工填写报表的工作量。

报表填写看似小事一桩，实则十分重要。报表的信息如同"神经末梢"，可将现场的"细枝末节"反映出来。

7. 交接班

业界流传着一句交接班口诀："口对口，手拉手，你不来，我不走。"这句口诀强调的是，交接班应尽可能面对面交接清楚，且交接

⊖ 出自明朝陆容编撰的《菽园杂记》。

双方应该围着现场巡视一圈，确保实物交接无误。

我曾写过一篇有关班组交接班的文章，用"十交、十不接"的方式详述应该注意的事项（见图2-6）。

交接班的"十交、十不接"

十交	十不接
①交安全注意事项	①人不在岗，不接
②交领导指示、要求	②5S不到位，不接
③交生产任务完成情况	③物与账不符，不接
④交品质状况及注意点	④安全责任未尽到位，不接
⑤交物料、工具及半成品	⑤报表不准不全，不接
⑥交工艺质量的新要求	⑥问题交接不清不楚，不接
⑦交设备状况或异常说明	⑦应完成任务未完成，不接
⑧交测试跟进事项	⑧应传信息未传到位，不接
⑨交相关报表	⑨交接本未按规范填写，不接
⑩交当日工作心得	⑩现场未共同巡视，不接

图   2-6

"十交、十不接"的内容可延伸出一首关于交接班的打油诗。

交接班

生产线上事务多，

交接工作不能拖。

十项交来十不接，

共同进步才亲切。

交接班是班组"每日七件事"中的最后一件事，做好交接班是为了班组事务的可延续性。

一些企业只有长白班，无须交接班，那么班组长在下班前通常需做好以下事务。

（1）对现场物品进行整理。

（2）关闭无须继续工作的设备的"水""电""气"。

（3）个人对当日工作进行必要的小结。

（4）对第二天或接下来的工作做适度规划。

还有一些无须交接班的企业有召开班后会的做法，利用班后会对当日工作进行小结，对员工表现进行评估与鼓励。

班组"每日七件事"，开早会、首样检验、生产巡线、5S、解决问题、报表填写、交接班，用一首诗将它们串联起来，就是"每日七件事口诀"。

每日七件事口诀

上班提前十分钟，开好早会再开工；
生产首样做得好，必要检测不可少；
我是班长常巡线，人机料法要稳健；
作业环境不能差，5S 工作时时抓！

生产线上信息多，报表填写不能拖；
发现问题要及时，促进解决不能迟；
日事日毕点个赞，交接做好才下班；
班组每日七件事，现场管好都满意！

在"每日七件事"中，开早会与 5S 对应两项独立的技能，后续章节会展开更详细的阐述。

三、用 PDCA 推进工作

"每日七件事"是班组每天都要做的，是班组练内功的时机。此外，有一种以"目标导向"推进工作的方法，叫作 PDCA。比如，某天的生产目标是 3000 件产品，第二天是 5000 件产品，那么这两天的生产安排（如物料安排、人员安排、设备安排等）是不一样的，这时就要用 PDCA。

1. PDCA 的基本含义

PDCA 由美国质量管理大师戴明博士宣传、推广，因此又称为戴明环（见图 2-7）。PDCA 是计划（Plan）、执行（Do）、检查（Check）、行动（Act）的首字母组合，是一种常用的工作推进方法，其基本含义如下。

- P：Plan，计划，围绕目标制订相应的计划或规划。例如，目标是生产 5000 件产品，就需要事先做好物料供应、人员以及设备的安排计划。
- D：Do，执行，按照制订的计划或规划，按部就班地执行。对应 5000 件产品的生产计划，执行就是落实物料供应、人员与设备安排，并开展生产。
- C：Check，检查，检查实际执行的状况如何，是否出现了问题或偏差。例如，检查时可能发现，备料实际上只有一半可用，而另一半需用于另一种产品。

PDCA结构图

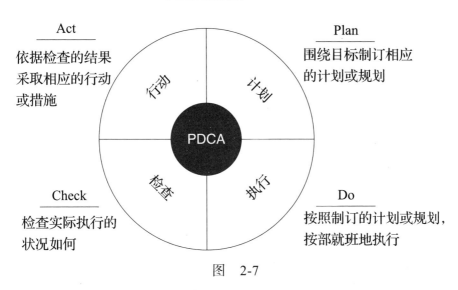

Act
_____
依据检查的结果
采取相应的行动
或措施

Plan
_____
围绕目标制订相应
的计划或规划

Check
_____
检查实际执行的
状况如何

Do
_____
按照制订的计划或规划，
按部就班地执行

图　2-7

- A：Act，行动，依据检查的结果采取相应的行动或措施。备
料只有一半能用，就要采取行动，可能采取的行动：联系供应
商，追问其库存，并让其立即组织生产，以小批量的方式将物
料送过来，满足生产需求。

PDCA 以计划为第一环节，通过对过程预估，在一定程度上规避
了风险。因为有计划，各部门便于协同作战。第二个环节执行，按计
划执行，避免了盲目性，有利于工作有条不紊地开展。第三个环节检
查，工作过程中难免会有一些与预想不同的状况发生，但通过检查，
及时捕捉到问题，便于开展相应的调整。第四个环节行动，依据检查
的结果采取相应的行动，便于工作回到正轨上，最终达成目标。

企业就是运营在从大到小的一个个 PDCA 中。企业有经营目标，
因此有一个大 PDCA 推进工作；经营目标分解到各个部门，各个部门

又有其相应的 PDCA；部门目标分解至班组，则班组有相应的 PDCA。

年度目标可分解为月度目标，月度目标可再分解为每日目标，因此从时间这个维度来看，企业同样运营在从大到小的一个个 PDCA 中。小 PDCA 的完成可以促进大 PDCA 的完成，因此关于 PDCA 有这么一个说法："大环套小环，小环保大环。"

当某个月的 PDCA 完成后，会进入下一个月的 PDCA。当围绕一个目标的 PDCA 完成后，为持续改进，会进入挑战更高目标的 PDCA。因此，关于 PDCA 又有一个说法："一环又一环，阶梯式进步。"

这两句话说明了 PDCA 的两大典型特征。从这里可以看出，PDCA 不仅可以有效促进单项事务的完成，还可以有效促进整个企业的协同作战，促进达成企业的总目标。

2. PDCA 的三种应用场景

对单项事务而言，事务越具挑战性、越复杂，PDCA 的价值越能凸显。比如，走一小段路去小区门口的超市买瓶酱油，通常不需要特别的计划，但是如果想徒步穿越沙漠，不做计划是绝对不行的，不仅没法完成，还可能遇到危险。

PDCA 中的计划环节主要考虑需要怎样的资源、怎样的步骤，执行中可能会有怎样的风险以及如何规避，执行中有什么注意点，怎样检查，检查的时间节点，可能要采取的行动（预案）等，进而制订明确的计划，这样才能确保挑战性或复杂性事务的完成。

对班组而言，运用 PDCA 推进工作主要有三种场景，一种是每日工作目标的达成，一种是阶段性工作的推进，还有一种是挑战性问题的解决（见图 2-8）。

班组运用PDCA的三种场景

①每日工作目标的达成

②阶段性工作的推进

③挑战性问题的解决

图　2-8

（1）每日工作目标的达成。每日工作目标的达成依靠PDCA推进，意味着班组每天的工作应按计划开展，强化执行，及时检查，采取必要的行动达成目标，这当中有一些关键点需要注意。

1）关于计划。班组长通常只是接受工作任务与指标，这当中的关键点在于班组长需要保持与相关人员的沟通，确保尽早获得精准信息，提前做好班组工作的计划。

2）关于执行。为提升执行有效性，班组一般会提前做好准备工作，如备料、工装夹具的准备等。在当日工作刚开始时，班组长就应该对人员、设备、工作事项做出明确的安排与说明。

3）关于检查。班组长应时时留意班组内的状况，检查工作进度，对比进度与计划的匹配性。

4）关于行动。根据班组内的状况以及工作进度，班组长应采取必要的行动，比如安排人员加班、请求其他部门协助等，从而更好地完成当日各项任务。

（2）阶段性工作的推进。优秀的班组长会筹划班组的阶段性工作，在这种情况下，就需要运用PDCA。

班组长编制的阶段性工作计划通常会包含具体事项、时间节点、目的等内容，班组长应将计划提交给上司，获得来自上司的支持，同时对员工进行宣讲。表 2-1 为班组阶段性工作计划示意。

表　2-1

班组阶段性工作计划（第四季度）								
具体事项	具体实施内容	月份						备注
		10		11		12		
①开展班组5S个人评比	A. 开展 5S 培训							目的：提升班组5S水平；检查与评比工作将长期实施
	B. 明确个人责任区域							
	C. 编制班组 5S 检查表与评比规则							
	D. 实施检查与评比							
②报表填写优化	A. 梳理生产线所有报表							目的：提升报表的价值，使报表数据得到更好的运用
	B. 收集员工对报表的反馈意见							
	C. 整合、简化与优化报表							
	D. 对员工开展报表填写的培训							
③多能工培训	A. 现有员工技能核定							目的：提升员工技能；增加关键工序作业人员的储备
	B. 选出 10 名员工							
	C. 关键工序作业技能训练							
	D. 新技能考核，颁发资格证							

为体现务实性，班组长绝不能做"甩手掌柜"，而应该参与到计划的执行之中，身体力行。

班组长应该对照计划中的安排与时间节点，检查实际实施情况。

针对偏差或问题，班组长可适度调整原先的计划，或采取行动消除偏差与问题，以促进达成推进的目标。通过阶段性工作的推进，班组的管理常常能上一个新的台阶。

（3）挑战性问题的解决。将 PDCA 的四个环节适度扩展为更详尽的步骤，通常可扩展为八大步骤，这可成为解决挑战性问题的参照套路。这八大步骤为：①认识问题，②把握现状，③设定目标，④确定真因，⑤拟定对策，⑥实施对策，⑦确认效果，⑧横向展开（见表 2-2）。其中①~⑤为计划环节，⑥为执行环节，⑦为检查环节，⑧为行动环节。

表 2-2

解决问题的八大步骤			
PDCA 环节	序号	步骤名称	说明
计划	①	认识问题	明确问题是什么，以及为什么要解决这个问题
	②	把握现状	明确有关问题的现状是什么，以及是否需要防止问题扩大化
	③	设定目标	设定解决这个问题的目标
	④	确定真因	确定问题的真因
	⑤	拟定对策	根据问题的真因，确定对策（解决方案）
执行	⑥	实施对策	将对策付之于实践
检查	⑦	确认效果	确认达成的效果
行动	⑧	横向展开	固化成果，并将经验分享给他人

下面，我们借助武松的一个故事，来加深对解决问题的八大步骤的理解。

背景：武松出公差回来，发现哥哥武大郎过世了，于是开启了探寻问题真相并解决问题的过程。

①认识问题。武松通过一番调查，证实他哥哥武大郎并非如潘金莲所说，死于心疼病，而是被谋害。

②把握现状。武松只有这一个哥哥，已被害。现状是潘金莲还在装腔作势，一口咬定武大郎因心疼病而亡。

③设定目标。武松的目标很简单，替兄报仇，不搞扩大化处理，也就是不伤及无辜。

④确定真因。除了找何九叔，武松还走访了郓哥等人，给了郓哥五两银子，以打消郓哥的后顾之忧，便于他讲出实情。

武松得出真因：哥哥是被潘金莲、王婆、西门庆三人合谋而害。

⑤拟定对策。武松拟定的第一条对策是，到衙门告状。奈何县吏与西门庆关系好，经过打点，知县偏袒西门庆。武松无奈，只得拟定第二条对策：自己来解决。

⑥实施对策。武松手握利刃，喝令王婆、潘金莲交代具体加害过程，邻居胡先生做好记录，然后结果了她二人。后武松找到狮子楼，斗杀西门庆。至此，三名加害者被除。

⑦确认效果。第二条对策有效，三人被除。

⑧横向展开。武松无须横向展开他这次解决问题的经验。

说明：在班组的实际工作中，解决问题的成果需要通过标准化、人员培训等操作进行固化，同时，应将解决问题的经验或教训分享给他人。

运用这八大步骤的套路来解决挑战性问题，可以使人们不再茫然于不知从何处下手，解决问题的过程更具章法，最终能够促进解决问题，并提升解决问题的质量。

以上就是 PDCA 在班组工作中三种典型的运用场景：每日工作目标的达成，阶段性工作的推进以及挑战性问题的解决。

曾有班组长岗位的竞选者询问我如何写"班组长竞选报告"。我的回答是，选取自己工作中典型的 PDCA 事例展开阐述，不仅可以说明自己的工作富有条理，同时也是自己工作成绩的展现。同理，当班组长竞选更高的职位时，也应该阐述自己的 PDCA 事例。

此外，当班组长升任更高的职位时，应指导下属运用 PDCA 推进工作。曾有一位企业管理者询问我："安排的工作，班组长迟迟完不成，是我的原因吗？还有，班组每天出现遗漏问题怎么办？"我回复："用 PDCA 推进工作。"

丰田前董事长奥田硕曾表示：我可以经营任何一家企业，因为我知道如何推动 PDCA。从这句话可以看出，PDCA 对企业有极重要的价值。

| 延伸阅读 |
用 PDCA 找到了爱情

某工厂宿舍内住着四个人，分别是阿 P、阿 D、阿 C 与阿 A，合在一起就是"PDCA"。四个人都是班组长，参加过班组长技能培训，学习过 PDCA，对此痴迷不已。

某天晚上加完班，四个人在宿舍里聊天。

> 阿 P 说："检验员芳芳好漂亮呀。"
>
> 阿 D 说："光说有啥用，要行动，喜欢就去追。"
>
> 阿 C 说："你的条件不差，你俩挺般配。"
>
> 阿 A 说："嗯，就用 PDCA！"

1. 计划（P）

凡事有所计划，才能够事半功倍。计划有一个前提，需要评估目标的合理性，否则制订的计划很可能执行不下去。

阿 P 想了想，他喜欢芳芳已经很久了，只是一直羞于表达。在他看来，芳芳不仅漂亮，而且朴实、善良。一次，晚班结束，芳芳与几个小姐妹去吃烧烤，一个流氓对着这几个女孩说些不三不四的话，是芳芳一声断喝吓跑了流氓。

阿 P 还补充了一点，他的老家与芳芳的老家是邻县，距离很近。

众人见阿 P 是真心喜欢芳芳，帮他出起了主意，做起了计划。

2. 执行（D）

阿 P 发出一条加好友验证信息："你的老乡阿 P"。过了几分钟，芳芳通过了加好友申请。阿 P 跟芳芳聊了一些有关班组如何做好质量工作从而尽量少给检验员添麻烦的想法。

接下来，工厂组织了一次爬山活动，在山顶有一场游戏。在阿 D 等人的协助下，阿 P 与芳芳分到了同一个游戏小组。晚餐时，大家都饥肠辘辘，阿 P 贴心地为芳芳先盛了一碗汤。

PDCA 的第二个环节是在计划的前提下开展执行工作。上述阿 P
所做，基本都是那天晚上商量好的计划，目前来看，执行基本顺利。

3. 检查（C）

阿 P 跟芳芳建立了交往关系，两人下班之余常常用微信聊天，由
此增进了感情。

有天阿 P 给芳芳发了一个红包，留言"每一天都快乐"，奇怪的
是，直到下班，芳芳都没有收这个红包，而且没有回复。

晚上的宿舍会议中，四个人就此展开了讨论。大家说，到了"检
查"阶段，看一看到底出了什么问题。这个任务自然交给了阿 C。

传回来的信息让人错愕：芳芳春节回老家时，被家人安排过一
次相亲，对方有钱，但年龄偏大，芳芳被家人逼着辞去工作，回去结
婚。芳芳正为此事苦恼。

检查是 PDCA 的第三个环节，要依据计划检查执行情况如何。
由于做计划时无法完全预料到实际状况，通过检查发现问题再进行调
整就非常有必要。

4. 行动（A）

前方传回的信息是，芳芳妈妈知道芳芳在工厂的情况，并对芳
芳说，如果三个月内交往的对象由班组长升为主管，就同意他们继续
交往。

说来也巧，由于经营发展的需要，工厂正打算从班组长中提拔出
一位主管。阿 P 善于用 PDCA 推进每日工作与阶段性工作，他的班

组一直表现出色，因此阿 P 是此次主管选拔的候选人之一。

宿舍内其他三个人建议阿 P 将运用 PDCA 取得的成绩做成报告，提交给厂长，这份报告花费了阿 P 三天的时间。由于平时工作出色，加上这份以 PDCA 事例为主要内容的报告起到的推动作用，最终阿 P 脱颖而出，成功升任主管一职。

芳芳妈妈兑现了自己的诺言，正式允许两人继续交往。有着一份美好的爱情，阿 P 与芳芳工作更加努力。一年后，芳芳与阿 P 正式成家。那一年，芳芳升为质量部主管，而阿 P 再次升职，任生产部经理。同时，阿 P 的三个兄弟，也都升职了，协助阿 P 更好地运用 PDCA 开展管理工作。

03

开早会技能

班组一天的工作从早会开始。开早会具有明显的叠加效应，"每天强调一点点，改变不止一点点"。

一、班组早会的四大问题

早会是鼓舞士气、传递信息、强化要求的重要场合。

两位从班组长岗位成长起来的总经理在一起聊天，谈起了早会这个话题。一位总经理说"早会是我一生最爱"。他说他能够一路晋升为总经理，跟他担任班组长时就狠抓早会分不开，由于狠抓早会，他的业绩凸显了出来。

另一位已创业的总经理说道："我一生的收益都来自早会。"这位总经理解释，他当班组长时，善于运用早会做员工思想工作，他的班组相比别的班组更有朝气、更蓬勃向上。现在他自己创业，依然每天狠抓早会，借助早会的影响，他的企业管理有序，上下团结一致，获得了很多优质客户的青睐。

早会相关理念如图 3-1 所示。

早会理念

早会宗旨	一天的工作从早会开始
早会使命	以早会引领一天的工作
早会愿景	鼓舞士气，强化要求，及时跟进，形成叠加效应，人人进步
早会价值观	1.001的365次方远远大于1

说明：1.001指每天早会起那么一点儿效果，形成叠加效应，最终结果远远大于1；365为概数，实际一年工作天数为200多天

图　3-1

如果将没有意识到早会的价值而未开早会算作一个问题，那么，早会通常存在着四大问题，分别是没有早会、有形无实、缺乏条理与缺少跟进。

1. 没有早会

有些企业没有早会，主要原因在于不知道早会有什么用，能发挥什么价值。

> 一家夫妻二人经营的小型家纺企业拥有 30 多名员工，员工年龄偏大、学历偏低，并没有设置班组长，统一由夫妻二人管理。该企业的订单由一家外贸公司供给，企业内采用计件制，员工上班就干活，经营者与员工都没有开早会的意识。
>
> 该企业现场经常发生诸如员工手被缝纫针扎伤的情况。此外，经营者极为忙碌，忙于接待访客、安排出货、追物料、修机器等各项事务。
>
> 这是一家几乎没有管理的小型企业，夫妻二人似乎也没有追求发展或提升管理的想法，在这种情景下，他们自然也想不到去开早会。

从这家小企业的案例，我们可得出两点结论。

- 缺乏追求的企业，从企业层面可能看不出早会的价值。
- 缺乏早会，会增加中高层管理人员的工作负担。

这家小企业的经营者忙得团团转。如果在特定时间、特定场合下，每天跟员工宣讲一些内容，强调一些要点，一方面可以减少员工遇事不知如何处置的情况，另一方面可以提升人员意识，有助于减少安全事件等不良状况的发生，从而可以减轻中高层管理人员的负担。

2. 有形无实

有形无实应该是早会最常见的问题，即早会是开了，形式是有了，但并没有什么实际效果，只是在形式上比没有早会有了些许进步。

在有形无实的状况下，班组长更多的是"奉命行事"——企业要求开早会，不得不开。班组长意识不到早会的价值，由于企业的要求，形式必须要守住。班组长每天将班组成员召集在一起，点名，喊口号，随便讲几句，就散会了。这样的早会是机械的，参加早会的人员的状态是松散的，因为谁也说不清楚为什么要开这样的早会，他们仅仅认为早会是一种"仪式"。

这样的早会难以发挥价值，某些时候会有副作用，可能滋生员工的消极想法，"形式主义，没什么用""每天开早会，浪费时间，从来没讲出什么内容来""我们的企业就是这样，经常搞形式主义"。这种想法会削弱员工本来应有的务实、积极的心态，从而给正式作业带来负面影响。

3. 缺乏条理

这种状况比有形无实有所进步，班组长能够讲出一些内容，但存在条理不清的问题，东一榔头，西一棒槌，员工在早会的内容中抓不到重点，早会开完之后，员工吸收到的内容很少。

值得肯定的一点是，在这种状况下，班组长开早会的态度是认真的，想着开好早会，发挥出早会的价值，只不过"讲"的技能缺乏，这是需要提升的地方。

4. 缺少跟进

现实中，不少班组长开完早会就算完了，没有将后续工作与早会很好地衔接起来，这就是缺少跟进。

开展必要的跟进，一方面可以促进早会内容的落地，确保执行到位，另一方面可以提升早会的严肃性，即让员工知道早会的内容并不是说说就完了，而是必须执行、落实到位。下面举一个早会跟进的小例子。

> 某班组长在早会上要求一位老员工对三名新员工进行工作教导，那么生产巡线时，班组长就应该了解：工作教导的进展如何？有没有按照四个步骤开展？能否达成"一天后新员工正式上线作业"的目标？同时，也应该询问三名新员工的学习感受，观看他们实际操作的情况。如果发现不当之处，应指出并予以调整。

早会跟进可使班组成员养成认真执行早会要求的习惯。

二、如何开好班组早会

早会花费时间不多，却能产生微妙而显著的催化作用。前面梳理出了早会的四大问题，那么如何有效避免这些问题去发挥早会的效用？我们先从早会的意义谈起。

1. 早会的意义

班组长通常是早会的主讲人。对班组长而言，开早会是对个人能力的磨炼与提升。

现代职场中，逻辑梳理（班组长需要将内容梳理出来，以一定的逻辑将内容讲出，能够锻炼逻辑梳理能力）与口才表达是两项重要技能，具备这两项技能可使班组长在晋职演说、工作汇报、开展培训等各项事务中脱颖而出，在人际交往中也能发挥独特优势。早会为班组长锻炼这两项技能提供了机会。班组长一开始开早会可能紧张、表述不清，经历得多了，稍稍花点心思在上面，就会慢慢变得淡定从容、富有条理。

> 能力是练出来的。在《九品芝麻官》电影中，主人翁为提升口才，每天对着湖泊练习，他还观察别人争辩时的场景，琢磨如何在争辩的紧张氛围中梳理逻辑，找出对方言辞中的弱点，进行简洁有力的回应。用心与坚持练习使主人翁的表达能力终于达到一定境界。当主人翁以八府巡案的身份升堂判案时，依靠逻辑梳理与口才表达两大技能的优势，终于斗倒"佞臣"，为蒙受冤屈者伸张了正义。

在欧阳修的《卖油翁》一文中，卖油翁露了一手倒油的惊人绝技，对此，卖油翁说："无他，但手熟尔。"当一项技能经历长期练习，常常会有意想不到的效果。早会为班组长提供了每日练习的机会，如果善加运用，那么逻辑梳理与口才表达这两项技能都将得到明显提升。

早会对班组成员有什么好处？

我曾辅导一家企业，彼时，该企业刚开始推行早会制度。为了解员工对早会的看法，我在现场找了几名员工到会议室进行访谈，访谈的一个核心问题是："你认为，早会对你而言是否有价值？"员工大致表达了相似的观点：早会对自己有价值，因为它使自己能够获取信息，而这些信息对自己的工作有帮助。因而，对于班组成员而言，早会是了解信息与沟通的场合。

早会所能起到的总效用，可以理解成对企业的好处，主要体现在：

- 早会使班组一日的安排与跟进更有条理性。
- 通过早会，每次强调一点点，会形成叠加效应。

综上，早会有三点意义，如图 3-2 所示。

早会的三点意义

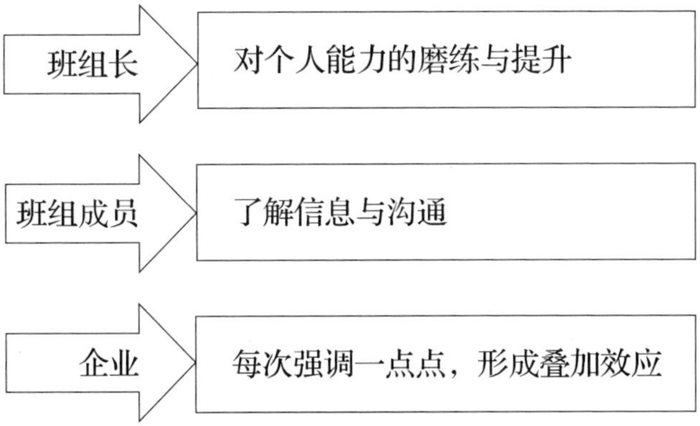

图　3-2

松下幸之助是松下公司的创始人，其秘书曾回忆松下幸之助早年创业期间每日开早会的情景。每次开早会，松下幸之助都会阐述自己的经营目标与经营理念，早期三年间从未间断。一开始下属不过觉得："哦，这样呀。"随着松下幸之助一遍又一遍地阐述，形成了叠加效应，这些信念逐步深入人心，后来所有员工都像创始人松下幸之助一样，具有了坚定的信念，这对该企业日后的发展起到了"推波助澜"的作用。

若班组长经常强调安全、质量、5S，相关信念就会逐步深入人心，班组管理的效能因此会被激发出来。

2. 早会讲什么

在班组早会的四大问题中，有形无实是最常见的问题。主要有两大因素导致了这个问题，一是班组长未意识到早会的意义，因此开早会是被动的、机械的（这种情况可以通过阅读上述"早会的意义"予以解决），二是班组长不知道在早会上讲些什么。

假若手头有一张早会内容对照清单，班组长对照清单组织早会要讲的内容，就不至于无内容可讲。据此，我梳理出班组早会可讲的八项内容，并汇总成一份清单供参照使用（见表3-1）。

表　3-1

早会八项内容对照清单		
序号	内容	说明
①	寒暄问候	说"早，各位好！"，注意拉近关系、给人温暖、仪式感
②	齐喊口号	提升员工士气、展现团队精神
③	传达指示	传达来自企业或上司的指示
④	安排任务	A. 当日需完成的任务
		B. 人员安排
		C. 设备安排

（续）

早会八项内容对照清单		
序号	内容	说明
④	安排任务	D. 物料安排
		E. 当日加班安排
⑤	质量强调	A. 作业关键点
		B. 近期的作业错误
		C. 图纸或技术规范的版本
		D. 正确使用物料
		E. 自检、巡检、终检等
		F. 检验方法或要求
		G. 极限样品
		H. 不合格品的管控注意事项
		I. 客户对质量不良状况的反馈
⑥	5S 与安全强调	5S 与安全的基本理念、相关要求与注意事项等
⑦	改善说明	A. 员工点滴改善的展示
		B. 改善小组活动的说明
		C. 改善小知识的讲解
		D. 企业层面的改善说明
⑧	其他事项	其他的一些零星事项

①寒暄问候。早会伊始，应先进行问候，班组长热情大声地说"早，各位好！"，从而拉开早会的序幕。

寒暄问候可以拉近人与人的关系，给人温暖的感受，同时形成一定的仪式感，这种仪式感传递出一个信息："各位伙伴，我们要开始工作了呀!"因此,早会具有将员工从刚进入企业的松弛状态切换到工作状态的作用。

②齐喊口号。与寒暄问候具有相似作用的是齐喊口号,每个班组可以选择一个适合自身班组的口号。齐喊口号这个动作可以在寒暄后立即进行,比如班组长讲完"早,各位好!",班组成员就齐喊口号"每日自我检讨,品质自然更好!"。齐喊口号这个动作也可在早会快结束时做出,作为早会的收尾动作。齐喊口号具有提升员工士气、展现团队精神的作用。

齐喊口号对某些企业而言可作为备选项,也有企业仅仅要求员工在周一齐喊一次口号。无论哪种方式,只要做出了规定,就应该认真执行。

③传达指示。将来自企业或上司的指示传达给员工,指示可能是放假通知、节假日加班通知、客户来访信息、企业新颁布的规定,以及分享类信息(如某项工作取得重大进展、新产品投入市场等)。

④安排任务。安排任务是早会的一项重点内容,也是一项实务性内容。所安排的各项任务(要求),需要在早会后进行相应的跟进。早会安排任务事项见表 3-2。

表   3-2

早会安排任务事项		
序号	事项	说明或事例
A	当日需完成的任务	各项任务指标(如产量指标、质量指标等)
B	人员安排	如张三、李四做什么工作
C	设备安排	重点在于关键设备或瓶颈设备的安排
D	物料安排	物料情况说明,提醒物料员及时备料
E	当日加班安排	如需加班,尽早告知员工

在表 3-2 中，关键设备通常指"高新尖"设备或能够实现产品关键特性的设备，而瓶颈设备指制约产能释放的设备，有时关键设备也是瓶颈设备。

⑤质量强调。

质量强调的目的在于防止质量差错的产生，主要内容如表 3-3 所示。

表 3-3

早会质量强调的主要内容		
序号	事项	说明或事例
A	作业关键点	指关乎安全、关乎作业成败、更容易的作业方法
B	近期的作业错误	避免员工再犯错误
C	图纸或技术规范的版本	防止员工使用旧版本的图纸或技术规范
D	正确使用物料	防止混料现象发生
E	自检、巡检、终检等	使各项检验落到实处
F	检验方法或要求	使员工按正确的方法及要求开展检验
G	极限样品	极限样品用于不合格品的判断，一般用于外观判断，用极限样品与可疑产品比对，若超出极限样品标定的状况即为不合格品
H	不合格品的管控注意事项	防止不合格品误拿误用
I	客户对质量不良状况的反馈	提醒员工注意，防止再犯错误

⑥ 5S 与安全强调。在早会上讲述 5S 与安全的基本理念，强调相关要求与注意事项等。班组长自身需掌握一定的 5S 与安全知识，只有这样才能讲得精准、讲得精妙。

⑦ 改善说明。改善是班组长工作的一部分，占比应该在 5% ～ 15%。改善说明所涉及的话题有以下几个。

A. 员工点滴改善的展示。我遇到过一位班组长，他是个有心人，看到员工做得好的地方，就顺手用手机拍下来，开早会时，由于班组人不多，他会将手机中的照片展示给众人，受到表扬的人自然开心，其他人也能受到鼓舞。将员工点滴改善展示出来，员工就会更愿意主动从细节处将工作做好。

B. 改善小组活动的说明。不少企业会推进改善小组活动，即由不同部门的人针对一个主题（挑战性问题）组建一个小组，设立目标，找出问题原因，拟定措施，以 PDCA 的解决问题八大步骤推进改善，直至取得成果。

班组长应分享与本班组相关的改善小组活动的进展，让大家了解状况并接受改善理念的熏陶。

C. 改善小知识的讲解。班组长隔三岔五地讲解关于改善的小知识，可以提升班组成员的知识水平。比如，什么是 PDCA？什么是三现主义？为什么要培养多能工？用于改善的半朵玫瑰法（即 ECRS 法，第六章有详细讲解）是什么？这些都是可以在早会上宣讲的改善小知识。

D. 企业层面的改善说明。有的企业会推进企业层面的 5S、精益生产、全面质量管理、体系认证等活动，班组长应将自己了解到的信息分享给班组成员，以便成员了解企业层面的改善动向，予以相应的配合。

⑧其他事项。其他事项主要指其他的一些零星事项，如新员工工作安排、收集员工对某件事的意见反馈等。

> 奥斯卡获奖纪录片《美国工厂》讲述了曹德旺在美国投资办厂的经过。该纪录片有一个情节：美国工厂的本土管理者来中国参加年会，顺带参观总部的工厂。走进车间后，早会上嘹亮的口号声吸引了这些管理者，他们兴趣盎然地站在一旁观摩。
>
> 其中一位管理者受到触动，回到美国后，打算将早会这种形式导入自己的团队。纪录片展现了这位管理者开早会的场景，只见他将车间人员召集过来站成一排，简短寒暄后就散会了，也就是早会上并没有讲实质性内容。这样的早会难以为继。
>
> 这位美国管理者所开的早会就属于有形无实的典型状况。主讲人只有讲出具体的要求或强调的要点，才能形成叠加效应，才会容易获得员工对早会的认可。

好的早会自然而然会得到员工的认可，因为他们从中获得了有价值的信息，这些信息能够帮助员工更好地开展工作。早会如果得不到员工的认可，员工会抱着抵触或消极的心态参加早会，不利于早会价值的体现。

运用多层因素分析法，即持续追问为什么，我们可以捕捉到班组长未能在早会讲出有价值的内容的原因。

（1）员工为什么不认可早会？

因为早会缺少有价值的内容。

（2）为什么早会缺少有价值的内容？

因为班组长只是点名、喊口号，没讲其他事项。

（3）为什么班组长没讲其他事项？

因为没做细致准备。

（4）为什么没做细致准备？

因为不会运用"早会八项内容对照清单"来组织内容。

3. 早会的六点注意事项

在掌握了早会的意义、早会可讲的八项内容之后，还需要掌握早会的六点注意事项，这样才能真正开好早会。

①"人地时"管理。对于班组，需要明确应参会人员，规定好早会地点以及早会时间。绝大多数的班组，一般一开始上班即开早会，但也有少数特例，比如当班组成员上班时间不一致时，就需要事先确定时间，等全体人员到齐后再开早会。

②事先准备。早会发言不是即兴发挥，想到哪里就讲到哪里，如果这样，很可能开完早会才想到某点内容没有讲，或者使早会缺乏条理性。

好的做法是将自己要讲的内容简要记录在本子上，如果已经记熟，可脱稿来讲，或者直接拿着本子来讲。

③控制时间。早会时间不宜过短，如果少于1分钟就说明会上基本没讲什么内容，只是在走形式，但也不能过长，毕竟早会时间属于非作业时间，开得过长对一天的工作效率有影响。每日都开的早会宜

为 5 ~ 10 分钟，如果是一周一次的早会，时间可适度加长，一般不宜超过 30 分钟。

④有条有理。所谓有条有理，就是将内容分成"一二三四"的形式来讲。

> 我记得小学老师对新当选的班级干部提要求时说："一当火车头，样样事情能带头；二当孺子牛，热心办事勤奔走；三当水中鱼，团结队员做朋友；四当智多星，多出点子会创新。"这种简洁且富有条理的表达无疑容易给学生留下深刻印象。

如果留意本书的内容结构，你会发现，书中的关键点无一例外地以"一二三四"的形式呈现，其目的就在于体现出条理性。

⑤及时跟进。在"班组早会的四大问题"中，有一个问题就是缺少跟进。很多班组长开完早会就算完了，这样的早会，价值并没有完全发挥出来，没有形成闭环。正确的做法是，对早会布置的任务、做出的要求、强调的要点等，进行后续跟进，形成闭环。这也是开好早会的一个注意事项。

⑥总结提升。班组长应通过观看自己开早会的视频，从仪容仪表、声音、语言表达、互动等不同方面进行思考，找出亮点以及需要提升的地方，然后有针对性地开展自我训练，提升自己的能力。比如，班组长若发现自己的发言缺乏韵律，便可以多朗读一些现代诗歌，练习相声贯口与绕口令，通过这样的训练，使表达富有韵律与情感。

还有一种自我提升的方法是，观摩他人的早会，学习他人之长。

综上，早会的六点注意事项如表 3-4 所示。

表　3-4

早会的六点注意事项		
序号	事项	说明
①	"人地时"管理	明确应参会人员，规定好早会地点以及早会时间
②	事先准备	事先准备好早会发言的内容
③	控制时间	每日都开的早会宜为 5 ～ 10 分钟，一周一次的早会一般不宜超过 30 分钟
④	有条有理	将内容分成"一二三四"的形式来讲
⑤	及时跟进	对早会布置的任务、做出的要求等，进行后续跟进，形成闭环
⑥	总结提升	观看自己开早会的视频，观摩他人的早会，提升自己的能力

稍做回顾，针对早会的四大问题，其主要的解决之道为，意识到早会的意义可以化解"没有早会"的问题，早会可讲的八项内容对照清单可以解决"有形无实"的问题，事先准备、有条有理（将内容分为"一二三四"的形式）可以解决"缺乏条理"的问题，及时跟进、将早会当作一个闭环可以消除"缺少跟进"的问题。

4. 如何评估早会

有班组长问：假如我要给自己的早会打分，有没有什么相应的评估方法？

答案是，有。表 3-5 这张评估表不仅可以用于自评，更可以由企业用于做不同班组的早会评比，让班组长知晓自身的优缺点，并促进彼此学习。

表 3-5

序号	评估项	说明
早会的七项评估		
①	"人地时"遵守	应参会人员是否在指定的地点及时参与早会（满分20分）
②	内容翔实	该传递的信息是否传递到位（参照"早会八项内容对照清单"，满分20分）
③	要求精准	要求是否具体而明确，且避免了歧义（满分20分）
④	时间把控	是否掌握好了会议时间（满分10分）
⑤	声音传播	是否声音响亮、吐字清晰（满分10分）
⑥	参与度	是否有适度互动，并听取员工反馈或意见（满分10分）
⑦	精气神	参会人员是否有精气神（精气神体现为站队整齐、衣着整洁、精神饱满、口号嘹亮，展现积极向上的精神面貌，满分10分）

评估共分为7项内容，总分为100分。评估表有一定的引导性，即引导班组长从这7个方面提升早会的水准。

如以3个月为1个周期，早会的有效性可从两个方面观察：一是现场是否发生了转变，即是否变得整洁有序，给人一目了然的感受；二是员工对早会的认可度如何（如果员工获取了有价值的信息，而且观察到早会促进了现场的转变，那么他们就会认可这样的早会，反之，则说明早会有值得完善之处）。

为培育成员以及提升参与度，班组长可让班组成员轮流主持早会，比如一周有一两次让班组成员主持早会，这亦可提升他们的能力。

| 延伸阅读 |
班组长的一流早会

我曾写过一篇小品文，将早会分成三个不同的层次，即三流、二流与一流，通过三个层次的对比可以看出一流早会的显著价值。

> 有一段时间，我辅导一家企业。其间，我会早早地来到企业的工厂，观看不同区域的早会。由于区域较多，我看到了诸多的早会开法。这当中有三流的、二流的，也有为数不多的一流的。
>
> 三流早会。有些班组长基本不开早会，或者因为企业要求，硬着头皮在开，员工歪歪斜斜地站队，班组长讲三两句（可能这三两句员工都没听清楚），一分钟不到队伍就散了。
>
> 二流早会。符合程式要求，定时召开，该喊口号的会喊口号，但大家都有点无精打采，班组长事先不做准备，想到什么讲一讲，有时抓住了重点，有时没有抓住。
>
> 一流早会。粗看并没有什么特殊，但外在与内在和前两者存在不同。作为旁观者，能感受到气场的不一样。班组有

一股精气神，员工站姿挺直，从高到低排列。口号声铿锵有力，简短而整齐。作为旁观者，我会因此触动。这种外在的呈现，不仅是精气神的体现，也是团队凝聚力的体现。这说明在班组长的熏陶下，班组具有良好的士气与面貌。

再看内在。班组长发言有水平，讲话有条理、重点突出。一方面，这是班组长能力的体现，另一方面，这是班组长做了一定的事先准备的结果。也就是说，这类班组长在早会上要讲什么、强调什么、表扬谁，事先都打了底稿，并不是即兴表演，这样才能高效利用早会时间。再看班组成员，他们都在认真听，他们感觉这些信息对他们而言非常重要。粗看上去，一流早会没什么特别，但早会的价值却由内而外地体现了出来。

对员工进行访谈，有一个有趣现象，参加二流、三流早会的员工，大多认为早会没有必要，有的甚至坦言“早会就是浪费时间”。参加一流早会的员工却对早会高度认同，他们普遍认为，班组长在早会上传递的信息对他们非常有价值。

观察现场也能发现早会的区别。开出一流早会的区域的现场远远好于开出二流、三流早会的。与员工交流时可以发现，关于改善，跟开出二流、三流早会的区域的人员很难说通，但是开出一流早会的区域的人员，常常一点就通。长期接受不同水准早会的熏陶，人的认知抑或意识已经拉开了差距，这种差距最终反映在现场的呈现上。开出二流、三流早会的区域的现场混乱，缺乏章法，开出一流早会的区域的现场条理井然、干净整洁。现场呈现的背后，离不开早会的支撑。

早会的效应会反映在团队士气、现场呈现上，能开出一流早会的班组长获得提拔的概率远大于其他班组长。

开出三流早会的班组长不懂早会，开出二流早会的班组长为开早会而开早会，开出一流早会的班组长能将早会的价值有效地发挥出来——会不会开早会，一定程度上可反映班组长的管理能力。

当然，班组工作不仅仅依赖早会，还需要 5S、质量管控、效率提升等其他事务的"协同作战"，这种多维度的"协同作战"最终可成就班组的高效能。

无论如何，通过早会，人们可以有效地将各项事务串联起来，这就是我们说开好早会能够在一定程度上打通现场管理的"任督二脉"的缘由。

04

第四章

现场 5S 管理技能

5S 是各项工作之基础，做好 5S 工作，不仅能获得一目了然的直观效果，同时对提升工作效率、消除现场琐碎问题有着直接或间接的作用。

如果做好了 5S 工作，安全就有了一定的保障。基于现代企业对安全的高度重视，在 5S 的基础上，诞生了一些专门的安全管理理念与方法，这些理念与方法同样需要班组长掌握并运用至班组实践中。

一、什么是 5S

1. 5S 的简单释义

5S 是来自日本的一种现场管理工具，在诸多企业中有着富有成效的实践，是一种得到广泛认可的基础性工具。

5S 的简单释义

5S 是一种可使现场干净整洁、安全高效的管理工具。

5S 的 5 个 S 分别指整理（Seiri）、整顿（Seiton）、清扫（Seiso）、清洁（Seiketsu）和素养（Shitsuke）。

第 1 个 S，整理，指识别出要与不要的物品，对不要的物品进行处置，如放置于仓库、报废、变卖等。整理的目的为腾出空间，使现场初步呈现出清爽状态。

第 2 个 S，整顿，指对留下的物品进行归类、标识并分区放置。整顿的目的是便于人们查找物品、节约时间，使现场具有一定的明亮度与色彩化，起到可视化的效果。整顿中有一个知识点，叫作三定管理，也称为定置管理（见图 4-1）。

第 3 个 S，清扫，跟我们平时讲的打扫有一定的区别，除了强调对环境清扫，还强调"问题点检"。在清扫过程中，能够观察到设备的细节，从而发现平时未注意到的细节问题，这些细节问题一般为微缺陷。所谓微缺陷，指这些状况并没有导致故障，但加速了设备的劣

整顿：三定管理

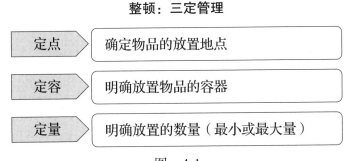

图　4-1

化，使其性能降低。发现微缺陷，及时恢复设备的原有状态，对设备保持良好的性能状态有明显作用。

清扫中有一个名为三扫的知识点，其中的扫黑等同于我们平时所讲的打扫，扫漏与扫怪则属于问题点检的动作（见图 4-2）。

清扫：三扫

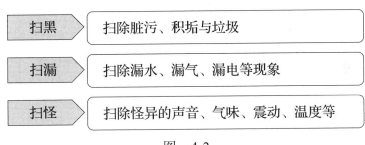

图　4-2

在清扫过程中，要运用好人的眼睛、耳朵、鼻子、手，即在清扫时要用眼睛看有无积垢脏污的现象，用耳朵听有无怪异的声音，用鼻子留意有无怪异的气味，用手触摸设备外壳感触有无异常的震动或温度（用手触摸一般由专业人士进行）。

业界有这么一句口诀："一看、二听、三闻、四摸、五恢复，轴见光，沟见底，设备见本色，警示要清晰。"其中的"恢复"指恢复设备原有的状态，这种状态的典型特征有轴光亮可鉴，沟槽因积垢被清理而能够使人清晰地看到底部，设备恢复了本来的颜色，此外还需注意设备的警示要清晰。

第 4 个 S，清洁，指保持清洁，即通过制度规范、开展检查以及培训等手段保持前 3 个 S 所达成的效果。

第 5 个 S，素养，指人员自律性、职场礼仪等习惯的养成，形成素养被视为 5S 的最高境界。通常认为，前 4 个 S 长期做、坚持做，人员的素养就会自然而然地形成。素养有一个名为三守的知识点，即守时间、守纪律、守标准（见图 4-3）。

素养：三守

守时间	遵守会议时间、报表提交时间等
守纪律	遵守企业内的各项规章制度
守标准	遵守各项作业与工艺标准等

图   4-3

图 4-4 为 5S 的简单释义与基本知识点。

关于 5S 的常见认知误区有 3 个。

第一，S 的个数越多越厉害。有人说："你们怎么还在推 5S，我们早已经用 6S 了。"这种说法的潜台词是"6S"比"5S"厉害，这种观点并不成立——S 不在于多，而在于精。

第二，推进 5S 就是跟员工过不去。因为这样的认知存在，5S 的推进常常导致员工抵触或反对。推进 5S 时确实需要一定的"强硬手

5S的简单释义与基本知识点

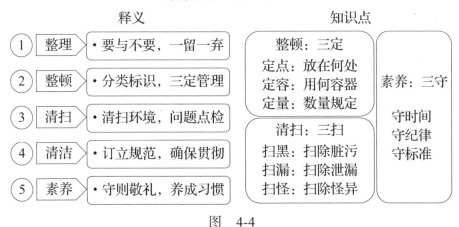

图　4-4

段"，但总体上，应该让员工从中有所学、有所提升，让员工有所受益，这样员工才会乐意参与其中，并支持 5S 的推进。

第三，5S 先干起来再说。这样的认知看起来强调了实干，现实中常常会遇到问题。推进 5S 确实需要实干精神，然而没有知识打底，这种干常常会沦为蛮干，难以激励员工且成果难以保持。

5S 的主导者需要掌握必要的 5S 知识，这样在推进过程中才能够游刃有余。掌握 5S 知识的好处在于：①能适时解答员工的疑惑，否则员工会想，"你自己都不懂 5S，是不是在瞎指挥呢？"，在这种状况下，主导者提出要求时，员工总抱有一定的怀疑态度，这会影响到推进效果；②能运用知识去宣讲 5S 及培训考核员工；③编制 5S 检查表时易于抓住要点；④编制出的可视化看板更具内涵与吸引力；⑤更易解决推进过程中遇到的难题。

2. 5S 是十效大补丸

5S 在一定程度上可以消除现场的十种不良现象，因此可称为

"十效大补丸"。

（1）现场杂乱的现象。

> 单霁翔就任故宫博物院院长时，注意到游客经常随手丢垃圾，他给物业人员下了一条指令：垃圾落地，必须在两分钟内清扫干净。这样严苛的要求使物业人员倍感压力。后来，单霁翔经常在故宫内走动，督促这项要求的落地。不久，出现了奇迹——地面保持整洁，游客反而不好意思随手往地上扔垃圾了。这样一来，物业人员的工作量大为减少，形成了一个正向循环，故宫的面貌焕然一新。

消除现场杂乱的现象，可算作 5S 最直接的功效。

（2）现场的安全隐患。杂乱的现场常常隐藏着诸多的安全隐患。5S 做不好，安全难保障。

（3）令人不爽的作业环境。环境不仅可以育人，还可以留人。与糟糕的作业环境相比，干净整洁的作业环境更容易留住员工的心。

（4）寻找物品的效率低下。5S 可让物品摆放井然有序且标识清晰，人们寻找物品会方便很多。

（5）误拿误用物品。物品放在恰当的区域，状态标识清晰，比如标识待检验产品、已检验产品、不合格品，误拿误用物品这样的错误就可以避免。

（6）设备微缺陷无人察觉。5S 的第 3 个 S 清扫，不仅指清扫环境，也指问题点检。

（7）缺乏职责的明确定义。5S 要求将区域细分，每个人都有自己的 5S 责任区域，由此引申，每个人的工作职责都有明确的定义，达到"事事有人管，人人都管事"的状态。

（8）缺少了解信息的渠道（事关可视化）。早会是员工了解信息的渠道，可视化看板同样是员工了解信息的渠道。

（9）缺少相互关心的温暖（事关职场礼仪）。"凡是人，皆需爱"，良好的职场氛围会给每个人传递出温暖。

（10）缺乏蒸蒸日上的团队士气。人造环境，环境育人，5S 活动能促进良好团队士气的形成。

3. 5S 对企业与员工的价值

日本清扫匠人键山秀三郎在《扫除道》一书中提到一个小故事。鹿儿岛县警察抓了一个小偷，这个小偷长期在这个县作案，是撬保险柜的惯犯，手段巧妙，几无失败。警察带着这个小偷到各个失窃现场去指认，途经某企业大楼时，小偷突然嘟囔自己放过了这家企业，警察便问小偷为什么，小偷回答：这家企业看上去太整洁了，管理一定非常规范，进去行窃的话，很可能被察觉。从这个小故事可以看出，干净整洁的企业形象连小偷都会"敬而远之"。

我曾经给浙江一家企业做培训。出发前，我浏览了该企业的网站。网站上有一个视频，企业一把手亲自出镜，讲述企业发展历程。创业两三年后，该企业主抓的市场需求激增，他们亟须抓住市场机遇，企业一把手到各大银行申请贷款用于扩产，但因为企业规模小，都被拒绝了。后来，当地一家小银行答应上门来看看，银行人员到现场了解情况后，很快发放了贷款，该企业抓住了机遇而得以迅猛发展。

事后，银行人员解释，在现场观察时，他们发现自行车棚内车辆摆放整齐划一、地面标识清晰，这是触动他们的一个地方。另外，他们注意到，生产现场条理井然，进而他们判断这是一家管理规范、具有发展潜力的企业，因此很快发放了贷款。

以上两个事例说明了5S对企业的价值：可以塑造良好的企业形象，给人管理规范的印象。不仅如此，5S对企业而言，还具有打造各项工作的基础、培育改善文化以及提升员工士气的价值。

5S活动若要获得员工的支持、配合与参与，应当明确5S对员工的好处。班组长应向员工宣传这些好处，才能够更好地激发员工的积极性。

5S活动对员工的好处主要有三点（见图4-5）。①为员工塑造了良好的作业环境。这种环境让员工舒适，有被体贴的温暖感，会感受到来自企业的善意。②让员工学习到5S的相关知识。由于5S的广泛运用，这种知识对于员工而言，无论是在本企业工作，还是进入其他企业工作，都能够发挥作用。③有助于提升员工职业素养。严谨、守

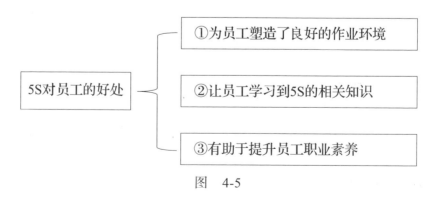

图　4-5

时、遵守约定的职业素养，无论是在生活中还是工作中，都能为个人加分。

明确了 5S 对企业以及员工个人的价值与好处，接下来就可以探讨在班组内如何做好 5S，将其"十效大补丸"的效用发挥出来。

二、班组 5S 应做的八件事

班组 5S 一般在企业大统筹之下开展，即企业对 5S 有规划、相关要求、具体推进的步骤，那么班组应该在这种大统筹之下做好自身的 5S 工作。我们看到，也有企业并没有从企业层面来推进 5S，但班组将自己的 5S 工作做出了亮点与特色，因而受到企业高层的另眼相看，并将之推广到整个企业。

即便企业层面有 5S 推进活动，班组依然有较大的发挥空间，且企业一般会支持、鼓励班组将自身的 5S 做出亮点。

我担任一家企业的 5S 顾问时，在一段时间内推进了"管理者清扫""5S 月报展示""编制检查表并开展检查"等一系列活动。一天，我在现场巡查时，发现一个班组有一些独特的做法。这个班组的班组长自己编制了一份检查表，在班组内实施每日检查，并在现场布置了一张可视化看板，上面公布每日检查的结果，当日 5S 做得好的员工，其名字下方会贴上一面小红旗。

这位班组长告诉我，企业层面的 5S 检查是一周一次，但对班组而言，应该至少每天一次检查，因此，他针对班组现状编制了更有针对性的 5S 检查表，内容包含企业层面的 5S 检查内容，同时有一些拓展。以这张表检查班组现场，能够更好地捕捉个人的 5S 状况。

　　由于这位班组长积极主动的做法，该班组率先在企业内获得 5S 标杆班组的称号。

从上面这个事例可以看出，若企业层面推进了 5S 活动，班组可以借助这个东风。在这个大背景下，班组依然有很大的发挥空间——主动且富有创意的做法，更容易让班组取得"靓丽"的成果。

那么，班组 5S 工作应该做些什么？我做了一定的梳理，班组 5S 工作主要有八件事，做好这八件事，就能够将班组 5S 做好，做出亮点。

1. 开展三常活动

三常活动，指常整理、常整顿、常清扫，这是使现场保持整洁状态的基本做法。整理、整顿、清扫是 5S 中的前 3 个 S，这 3 个 S 可直接改变现场现状，产生的效果是直观的，同时能够有效提振员工以及来访客户的信心。

严谨来讲，整理、整顿、清扫都应有相应的标准，只有这样，才能够容易参照执行，确保执行到位。

整理应有"要与不要"的标准，通常一周不用的物品即应清理出现场。整理中有一个值得推荐的做法：针对作业台面或其他类似地方，制定一份"必需品清单"，清晰地告知员工只能放置哪些物品。

整顿应有"画线与标识"的标准，物品依照"画线与标识"定置化放置。在已经有"画线与标识"的情况下，三常活动中的常整顿主要指物品使用后及时归位、定置化放置以及"画线与标识"的及时修补或补充。

清扫应有"清扫达标"的标准，如地面无杂物、积水、灰尘、污垢、破损等现象，保持整洁状态。清扫宜针对不同的对象（如地面、天花板、空调、设备等）制定不同的标准。

常整理、常整顿、常清扫，班组应时时刻刻做好 5S 工作，保持良好的现场状态，体现"时时 5S，事事 5S"的基本理念。

2. 开展地面画线

如果企业层面推进了 5S，一般会制定地面的画线标准，这种标准会规定区域的画线颜色、线宽，甚至画线参考形状，班组对照此标准执行即可。如果没有企业层面的画线标准，班组可自行确定，并依照执行。班组制定好的画线标准应提交给其他班组做参考，大家尽可能形成统一的参照标准。

图 4-6 为地面画线标准示例。

现场画线颜色不宜过多，否则会引起视觉混淆。黄色的特点是明亮易辨识，表达警示的含义。绿色一般传达安全或合格的含义。红色表示禁止，如禁止使用不合格品或禁止踏入危险品区域。虎纹色一般表示防止磕碰、特别提醒。

颜色的使用与含义并非一成不变，一般采纳其通常含义，能够防止理解上的混淆。地面画线的"画线"二字也常写为"划线"。

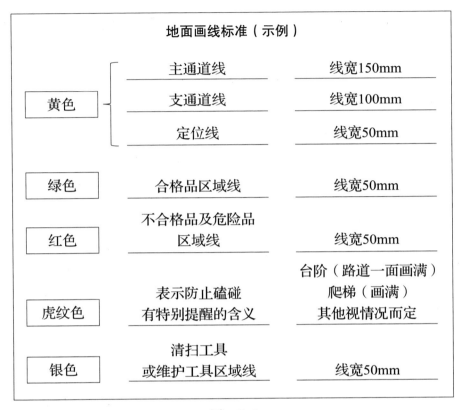

图   4-6

3. 开展标识活动

　　某人的办公位靠近会议室，当他不在办公位的时候，他的办公椅常被开会的人拿进会议室且不及时归还，于是这个人在办公椅后背贴上了自己的大头照，还加上四个字"××专用"。从那以后，他的椅子再也没有被挪用过。标识能够明确一件物品的用途，防止误拿误用。

标识通常指对区域或物品标识，使之便于识别或查找。

　　某个区域画了线，区域范围是清晰了，但这个区域做什么用，人们未必清楚，这就需要做上相应的标识，如"生产 3 线""装配区域""原材料区""成品临时存放区"等。

　　对物品标识主要应标明物品名称、状态、数量等信息。

　　图 4-7 为较为常见的区域、物品标识示意图。

常见的区域、物品标识示意图

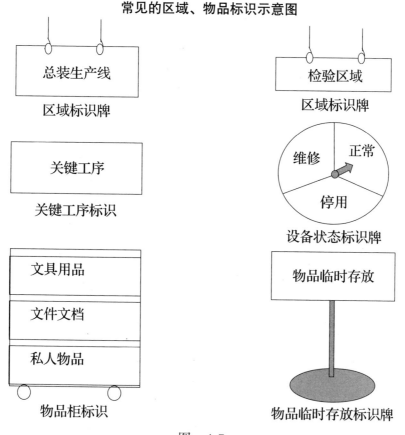

图　4-7

　　通常而言，标识的意义在于便于辨识，防止误拿误用，且易于查找。此外，还有安全警示类标识（主要起到安全防范的作用，如"限速""限高""佩戴安全帽")、禁止类标识(如"禁止吸烟""禁止攀爬""禁止物品堆放""未经允许,请勿进入")以及提醒类标识(如"此处地滑,小心滑倒")。

标识的设计应遵循易看、简洁、精准、统一、美观的十字原则(见图 4-8)。

图　4-8

易看,指辨识度高,容易看清楚,一般通过使用对比色(背景色与字体颜色为对比色,从而让人看清字形),以及调整字体字号、放置位置来实现。简洁,指言简意赅地呈现内容。精准,指要求精确,符合实际情况。统一,指相同物品应使用相同的标识,整体使用统一的Logo、背景色等。统一会给人简洁的感受并营造出一种协调的美感,进而提升整体辨识度。美观,指标识具有一定的艺术性与观赏性。

4. 设计可视化看板

如果班组长或班组成员有一定的知识储备,那么较容易设计出内涵丰富的可视化看板。可视化看板可以有效传播知识、经验、要求以及展示实时信息,可以潜移默化地提升人的意识,进而塑造出一定的企业文化。某些企业意在培育具有自身特色的班组文化,则更需要依赖可视化看板的作用。

下面为两张可视化看板的示意图,图 4-9 为生产信息看板,主要展示生产计划、进度跟进、员工绩效等信息，图 4-10 为班组一日工作安排可视化看板，将工作要求以及相关知识以可视化形式展现出来。

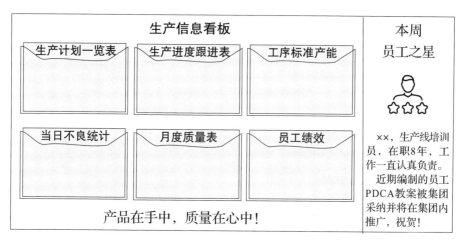

图　4-9

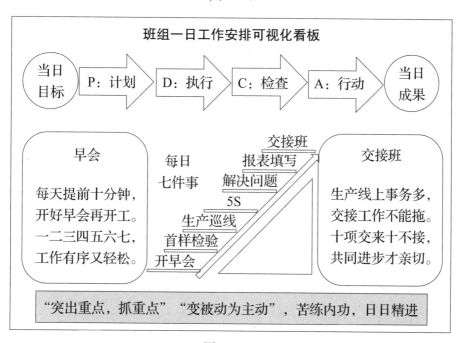

图　4-10

可视化看板的设计同样应遵循易看、简洁、精准、统一、美观的十字原则。企业内张贴的各类标语口号可视作可视化看板的补充。

5. 开展 5S 检查

依据检查表开展班组 5S 的自我检查，能够及时发现现场问题，并起到督导作用。班组 5S 检查表可以直接使用企业层面的检查表，或者班组自编，但两者应该兼容，自编检查表可以体现出更细致、更有针对性的特征，如某班组 5S 检查表涉及班组近期经常出现的 5S 问题，将之转变成 5S 检查要求。

表 4-1 为一份供班组参照使用的 5S 检查表。该表将检查内容按 5 个 S 分类，便于追溯问题点属于哪个 S，促进员工对每个 S 的理解。

表　4-1

班组 5S 检查表			
5个S	分值	个人责任区域现状	得分
整理	0	区域凌乱，非必需品较多（数量多于或等于3）	
	1	区域轻度凌乱，非必需品较少（数量少于或等于2）	
	2	区域较为清爽，无非必需品	
	3	区域清爽，员工清晰了解必需品与非必需品的区别，物品整齐摆放，区域能保持良好状态	
整顿	0	物品无定置化管理，且多处物品状态不清（多于或等于4处）	
	1	基本满足定置化管理要求，物品状态基本清晰	
	2	完全满足定置化管理要求，物品状态清晰，使用后物品能及时归位	
	3	区域地面画线、物品标识清晰完整，无破损状况，物品状态一目了然	

（续）

班组 5S 检查表			
5个S	分值	个人责任区域现状	得分
清扫	0	有较为明显的脏污、积垢或未及时处理的垃圾	
	1	清扫过程做好有效的安全防范；区域无明显的脏污	
	2	清扫过程中能有效点检问题并积极解决问题；区域总体干净整洁	
	3	包括高处（如设备顶部）、角落处在内的整个区域干净整洁，且能一直保持	
清洁	0	存在敷衍 5S 要求的状况；多次被发现因"个人意识"而产生的问题点（多于或等于 4 次）	
	1	区域良好状态能基本保持，积极参与三常活动（常整理、常整顿、常清扫）	
	2	理解班组 5S 的具体要求，能配合企业、班组开展现场检查工作，对于检查发现的问题点，能及时积极整改	
	3	掌握了一定的 5S 知识，区域良好状态能一直保持	
素养	0	多次违反三守（守时间、守纪律、守标准）要求（多于或等于 4 次）	
	1	基本能遵守三守要求	
	2	较好地遵守三守要求，有团队意识，对待他人有礼貌	
	3	与同事、上司关系良好，正直友善，工作积极负责，乐于提出自己的建议	
总分			

注：1. 关于本表的程度副词（如轻度、基本、完全），依据 3 分对应的状态（最佳状态）进行判定即可。

2. 只有完全满足较低分值对应的要求，才能够进行较高分值的评分，如完全满足 2 分对应的要求，才能够考虑是否可以评为 3 分。

一位管理学者曾说："人们乐意遵守自己参与其中的标准。"班组自编 5S 检查表时应征询班组成员的意见，适度调整后予以应用，这样，员工会更愿意遵守。

5S 检查表在有些企业也被称为 5S 稽核表，稽核即监督检查的意思。

6. 开展创意性活动

所谓创意性活动，指跟传统活动有所不同或者可给人带来新奇感的活动。创意的源头大多为员工的智慧，以下为 5 种创意性活动的示例。

（1）开展工具箱大献"宝"活动。时间久了，现场工具箱常常会放有各种杂物。献"宝"，是指开展专项活动，将工具箱内的杂物清理出来。

（2）下班前拍照。每天下班前，班组成员将自己工作区域的状态拍下来，发到班组群里，相互督促与学习。

（3）手绘 5S 可视化看板。与一般的可视化看板不同，用彩笔将可视化看板手绘出来可体现艺术性、参与性与独特性。

（4）开展相互"挑刺"活动。将班组成员分为 2 ～ 3 人的小组，进而将这些小组分配到不同的区域开展检查，以"旁观者清"的视角找问题点。小组形式便于成员在检查过程中相互讨论、相互启发，常常一个人发现了某个问题会启发其他人发现更多的问题。将这些问题记录下来，供相关责任人改进。这种做法，能促进班组 5S 做得更深入细致。如果班组成员很少，可以联合其他班组开展此类活动。

（5）创作 5S 主题诗歌。

在《红楼梦》中，贾宝玉、林黛玉、薛宝钗等人组织了名为"海棠诗社"的诗社，众人定期结社作诗，相互激发，文采飞扬，自得其乐。

班组可以借鉴这种方式，针对 5S 主题进行诗歌创作，比如为每个 S 作一首五言或七言律诗，或者将 5S 的推进要点用绕口令、打油诗、"三字经""四字诀"等形式梳理出来，这样的做法可使 5S 的宣讲更多姿多彩。

我有这样的体验。给一线员工培训时，我曾要求员工就某一主题创作一首小诗，课堂上留给他们的时间极短，只有 8 到 10 分钟，但他们都能很好地完成任务。只要提出明确的要求，调动积极性，让他们适度地相互比拼，"创作诗歌"这种看似对文学水平要求高的任务对员工而言并不是问题。

员工的创意收集，还可以采用头脑风暴的方式。所谓头脑风暴，指众人围坐成一圈，在主持人的引导下，将自己的想法贡献出来（无论想法靠谱还是不靠谱），主持人不得批评，将想法收集好再进行甄别，选择有价值的想法开展实施。

7. 制作改善写真

我们以往听到的"写真"，一般指明星写真集，上面是明星的各种照片。

5S 中的"改善写真"与之不同，5S 改善写真主要指将改善前后的实景照片放在一起展示出来（见图 4-11），让人感受到改善前后的明显变化，为之欢欣鼓舞，珍惜良好现状，同时触发持续改进的信心。

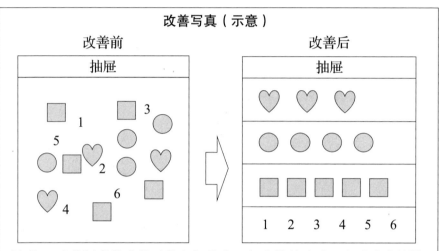

图   4-11

　　一位书法老师招生有奇招。学生刚来他这学习时，老师会要求学生在纸上写一句话："这是我上书法课之前写的字。"等课程结束时，他会再次要求学生在纸上写一句话："这是我上书法课之后写的字。"

　　这位老师会将学生前后写的两幅字展示在一楼靠街的橱窗，就是这么一种类似制作改善写真的做法，如同磁铁一般吸引了众多新学生报名。

改善活动需要一定的正反馈才能持续推进，如果长时间得不到正反馈，人们就会怀疑做这件事的价值。改善写真就是一种正反馈的手段，将成果展示出来，使员工从中获得激励。

8. 早会对 5S 进行宣讲

具体做法为，借助早会讲解 5S 理念，点评现状并提出相应的要求。通过早会宣讲，使 5S 深入人心，5S 的推进会更务实与细致入微。试举一些早会对 5S 进行宣讲的事例。

"昨天早会上我花了 3 分钟时间讲解 5S 的基本概念，加之我们之前全员参加过公司的 5S 轮训，现在我随机找一个人来讲一讲，5S 是哪 5 个 S？小王，你来。"

"这两天我们开展了工具箱大献'宝'活动，不做不知道，'宝'可真多呀，工具箱简直成了'藏污纳垢'的地方。接下来，我们要做两个动作，一是将对工具箱的检查纳入班组 5S 检查表，二是每位员工需做好工具箱良好现状的维持，每天下班前发一张工具箱的照片到班组群里，直到我们每个人养成良好习惯。"

"现场是我们每个人的镜子。这个月的 5S 改善写真，我已经张贴在班组休息区内的看板上了，希望大家都能维护好这面镜子的整洁。"

班组 5S 做什么？我梳理出了上面的重点八件事，为方便对照参考，我将这八件事绘制在一张图上（见图 4-12）。

班组5S的重点八件事

①	开展三常活动	·自己动手，保持整洁
②	开展地面画线	·明确区域，增添色彩
③	开展标识活动	·易于识别，便于查找
④	设计可视化看板	·传播信息，塑造文化
⑤	开展5S检查	·发现问题，及时改正
⑥	开展创意性活动	·收集智慧，丰富多彩
⑦	制作改善写真	·前后对比，展现成绩
⑧	早会对5S进行宣讲	·反复强化，深入人心

图 4-12

有些企业会举办班组5S大比武活动，5S做得好的班组、对5S推进有心得的班组长，此刻正是大显身手的时候，将好的做法、经验分享给其他班组，促进整个企业都做好5S工作。

三、班组5S十条铁律

"凡事皆需彻底。"5S既然做了，就要努力做到位，做出亮点与特色。这就需要班组遵守十条铁律，所谓铁律，是指人人都应遵守的基本纪律。

1.安全第一

5S 对安全管理有明显的促进作用，任何时候都应该将"安全第一"放在首要位置。5S 在日本诞生之初，有一句口号为"安全始于整理、整顿，而终于整理、整顿"，5S 原本的作用就是促进安全。此外，在 5S 推进过程中应注意安全防范，如整理过程中的搬运、清扫开展时的高处打扫。

安全是企业运营的底线，安全是员工家庭幸福的根本保证。

2.带头作用

班组长带头做好 5S 工作，包括自身工作台面及周边的整洁工作，注意个人行为举止的规范性。班组长个人行为不检点极有可能成为不好的示范，会成为班组成员不遵守 5S 要求的借口。

3.区域细分

将班组区域进行细分，使每个人都有自己的"一亩三分地"，各自担负起自己的 5S 职责。明确了班组成员的责任区域，就可以开展创意性活动中的相互"挑刺"活动。

班组成员责任区域的状况，是评估员工 5S 成绩的主要依据。

4.标准管理

没有标准，人们会无所适从。将 5S 的要求转换为标准，作为执行与检查的基础。班组 5S 的标准主要包含"要与不要"的标准、"画线与标识"的标准、"清扫达标"的标准。

5. 天天稽核

稽核即监督检查的意思。班组应开展每天的现场稽核工作，并将稽核结果予以公示。根据稽核结果，每周可开展一次表彰活动。

6. 日事日毕

以 5S 促进日常工作的开展，当日事务当日完成。"日事日毕"由海尔公司提出，完整表述为"日事日毕、日清日高"。

7. 违章必究

违反规章制度，必须予以追究，从而起到惩前毖后、教育人员的作用。

8. 可视化

将要求、信息、进展、改善亮点尽可能以可视化的形式展现出来，追求"四个一"效果，即"一见钟情，一目了然，一触即发，一步惊心"。"一见钟情"是指吸引人的兴趣，让人有美的感受；"一目了然"是指物品摆放有序、标识清晰，让人一眼就能看清楚；"一触即发"是指可视化起到了激励的作用，当号召员工参与改善时，员工会积极响应；"一步惊心"是指对于禁止事项，员工严格遵守要求，不越雷池一步。

9. 造物育人

5S 工作的深层目的在于提升人的素养。"造物育人"源于松下幸之助提出的"造物先造人"，意即"要想把产品生产好，就得先将人

培育好"。这里的"造物育人"是指通过 5S 提升员工素养，达到育
人的目的。

10. 团队自律

自律具有"不给他人添麻烦"的含义。自律是最低成本的管理。
人人自律，相互协助，进而发挥出团队的价值。

5S 的内容讲到这里，可用一张简易的可视化看板回顾一下班组
5S 知识要点（见图 4-13）。

班组5S知识要点

十效大补丸	班组5S八件事	班组5S十条铁律
5S可以消除十种不良现象：	班组5S的重点八件事：	遵循铁律，做出亮点：
①现场杂乱的现象	①开展三常活动	①安全第一
②现场的安全隐患	②开展地面画线	②带头作用
③令人不爽的作业环境	③开展标识活动	③区域细分
④寻找物品的效率低下	④设计可视化看板	④标准管理
⑤误拿误用物品	⑤开展5S检查	⑤天天稽核
⑥设备微缺陷无人察觉	⑥开展创意性活动	⑥日事日毕
⑦缺乏职责的明确定义	⑦制作改善写真	⑦违章必究
⑧缺少了解信息的渠道	⑧早会对5S进行宣讲	⑧可视化
⑨缺少相互关心的温暖		⑨造物育人
⑩缺乏蒸蒸日上的团队士气		⑩团队自律

人造环境，环境育人。现场是我们每个人的镜子！

图　4-13

四、班组安全管理

某企业总是安全问题频发，于是请了一位安全专家来企业诊断。专家花了半天时间在现场勘查，结果从杂乱的现场中梳理出近百条安全隐患，典型的有以下几种。

（1）杂物覆盖的裸露电线。

（2）弃于角落处的打火机。

（3）员工在储物间内吸烟。

（4）缺失安全警示标识。

（5）高处有掉落风险的物品。

（6）过高的码垛产品。

（7）被堵塞的消防通道。

（8）已损坏、无法使用的消防栓。

这位专家对企业负责人讲："你们企业没做5S，安全管理根本无从谈起。"

5S是各项工作的基础，对安全工作的促进作用是最明显的，因为越是杂乱的现场，安全隐患越多。做好5S，就为安全工作奠定了坚实的基础。

现代企业都意识到了安全管理的重要性，随着管理学的发展，诞生了不少安全管理理念以及安全管理方法。为了更好地做好安全工作，班组长有必要掌握安全管理的基本理念，并将现代安全管理方法融入班组工作中。

1. 安全管理的基本理念

安全是"1"，后续工作为"0"，只有当"1"存在时，后面的"0"才有意义。开展班组安全管理，需要了解并掌握三个基本理念，分别是"墨菲定律""海因里希法则""危险预知法则"。

（1）墨菲定律。墨菲定律说的是，"凡是可能发生的，终会发生"。

墨菲是美国空军基地的一名工程师。一次测试中，他安排操作人员将 16 个传感器接到受试者座椅的支架上。传感器需要接两根线，一旦接反就无法读取数据。结果，当墨菲检查时，16 个传感器的接线竟然无一例外地接反了。墨菲就此感慨："当一件事有可能以错误的方式被处理时，最终会有人以错误的方式去处理。"这句话流行开来，就成了"墨菲定律"。

墨菲定律在生活中常被当作"心存侥幸"的告诫——出门时天晴，不带伞，偏偏半路就下雨了；不想遇到某位熟人，走另一条路，偏偏还是遇到了这位熟人。

墨菲定律用在安全管理领域再合适不过，因为它警示人们"安全管理中，不能存有侥幸心理"。

（2）海因里希法则。海因里希法则是指，一起重大安全事故的背后总有 29 起轻度事故以及 300 件"无伤害"小事件，其中"无伤害"小事件也被称为"吓一跳"事件。在一定程度上，安全事故是由诸多轻度事故、"吓一跳"事件叠加积累而来的。

（3）危险预知法则。很多安全事故的发生是由于人们不知道"这是危险的"或者不知道"危险程度有这么严重",如果人们能够预知到危险及危险程度,就不会盲目行事,从而在主观上避开危险。

将区域中可能存在的危险、危险程度以及遇到危险时的处置方式提前告知员工,就能起到避免危险或管控危险的作用。

关于安全管理的三个基本理念及应对方法,我们用图 4-14 来做一个汇总。

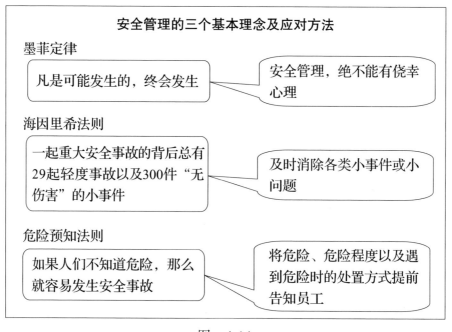

图 4-14

安全管理的各类方法主要依据这三个基本理念拓展而来。

2. 班组安全管理六件事

在掌握安全管理的三个基本理念的基础上,班组安全管理需要做好六件事,其中第六件事可作为备选项。

（1）做好 5S 工作。5S 的每个 S 对安全都有显著的促进作用。

整理，清理不要物品，使安全隐患显露出来，容易被察觉；整顿，使危险品都有了明确标识；清扫，及时发现设备的微缺陷，及时恢复以防范风险；清洁，制定各种安全操作规范；素养，人人养成遵守安全规范的习惯。因此，要做好安全管理，应先做好 5S。

（2）开展班组安全教育。通过安全教育，让员工了解安全知识，认识到具体的安全风险，遵守安全规范，及时上报日常作业中的安全事件。

安全风险主要由三大因素造成，分别是物的因素、人的因素以及管理因素（见图 4-15）。物的因素有：设备缺陷、老化或强度不足，安全装置功能故障（如安全防护装置不起作用），防护装置缺失，水、电、气泄漏等。人的因素有：过度疲劳，健康状况异常，心态失常，存在侥幸心理，缺乏基本的安全知识或认知。这些因素会导致人的辨识力下降或认知不到风险。管理因素主要是指缺乏安全制度或安全操作规范，缺乏安全标识，缺乏安全培训，缺乏预防机制等。

图　4-15

安全事件（事故）的发生，主要由这三方面因素叠加而成。

安全教育通常分为三级，分别是公司级、部门级与班组级。班组级的安全教育更侧重于对照实物开展教育及针对现场案例开展教育，甚至可以请当事人"现身说法"。比如，有新员工加入班组时，班组长可以带着新员工在现场走一圈，进行危险预知训练，告知存在怎样的危险，有哪些注意事项。

（3）督促员工按安全规范作业。安全规范包括安全制度、设备安全操作规范、作业指导书中的作业安全注意事项等。

> 某企业安全制度中有"五严禁、五必须"的内容。"五严禁"为严禁违章作业，严禁在禁火区域动火，严禁上岗前饮酒，严禁擅自移动或拆除安全装置和安全标识，严禁擅自触摸与己无关的设备。"五必须"为必须遵守厂规厂纪，必须了解本岗位的危险因素，必须正确佩戴及使用劳动防护用品，必须严格遵守危险性作业的安全要求，特定岗位必须持证上岗。

> 员工A操作叉车时，明知有禁止超载的要求，仍然超载，差点造成叉车倾覆。明明有作业时禁止打开设备防护罩的要求，员工B对此视而不见。这些都是不遵守设备安全操作规范的典型事例。

> 作业指导书通常会注明作业安全的注意事项，如"作业过程中不能触碰金属盖，防止烫伤""作业完成时，必须将剩余试剂密封放回至储藏室""须双手同时按压按钮，机器才会作业，此目的为确保人身安全"等。

班组长生产巡线时，应留意员工的作业状况，如有"不当行为"应立即指出，若有"违章行为"，必须予以追究。同时，应利用早会等场合向员工讲解作业安全的注意事项，督促员工养成按安全规范作业的习惯。

　　某知名汽车制造厂有一项规定，辖区内发生安全事件的班组长及上司要立即接受调查，如果发生第二次，则将被撤职。从这个事例可以看出，班组长对班组成员的安全确实负有督查责任。

　　（4）不放过"吓一跳"事件。依据海因里希法则，重大安全事故通常由诸多轻度事故（已经发生了伤害）、"无伤害"小事件（未发生伤害）叠加积累而来。这当中的"无伤害"小事件就是指"吓一跳"事件。所谓"吓一跳"，是指人员差一点受到伤害，因此受到了惊吓，如"差一点滑倒""差一点掉下去""差一点被电到""差一点叉车倾覆""差一点撞到人"。由于这类事件并没有伤害到人，人们对待这类事件时会心存侥幸，处理上常不了了之。由于缺乏重视与及时解决，问题慢慢积累，其中不少事件最终会演变成"伤害"事件。

　　因此，班组安全管理中遇到"吓一跳"事件时，不能轻轻放过，而应该深究其因，予以解决。以上面所举的"吓一跳"事件为例，可以进一步分析及采取的对应措施见表 4-2。

表　4-2

"吓一跳"事件	原因分析	对应措施
差一点滑倒	雨天路滑	铺上防滑垫
差一点掉下去	高处缺少防护栏及警示标识	加装防护栏与警示标识
差一点被电到	电线裸露	①电线包扎；②全面检查；③更换线缆供应商；④人员作业培训
差一点叉车倾覆	超载	处罚当事人，开展人员教育
差一点撞到人	视线受阻及速度过快	①转角处加装反光镜；②限速

对"吓一跳"事件轻轻放过与及时处置，有着截然不同的结果。

抱着严谨的态度，对于"吓一跳"事件，应形成完整的"吓一跳"处置报告，其格式见表4-3。

表   4-3

"吓一跳" 处置报告			
当事人		发生时间	
具体事件描述：			
产生后果评估：			
根本原因调查：			
处置与预防方案：			
有效性评估：			
对全体人员进行教育		有无横向扩展必要	
当事人签名		班组长签名	

班组在处置"吓一跳"事件时，须严格遵守三点：①所有"吓一跳"事件需要形成记录；②所有"吓一跳"事件需要分析原因并采取必要的防范措施；③应让班组成员接受相应的教育。

（5）运用危险源管控清单。制作危险源管控清单是一种"本源式"

的做法，具体做法是，在现场查找有哪些因素可能导致危险，将之整理成清单，逐项评估，对具有较大潜在风险的因素采取措施，直到所有危险源的风险在可控范围内。这种做法具有一定的预防性与系统性。

可能导致人员受到伤害的状况有触电、烫伤、烧伤、压伤、碰伤、坠落、物体打击、车辆碰撞、溺水、爆炸、中毒、窒息等。从这些可能造成伤害的状况出发，对现场危险源进行梳理。

其中，某些危险源可能造成的后果轻微且现有控制手段得当，这样的危险源仅须记录在案，无须采取措施。某些危险源可能造成严重的后果，现有控制手段尚不充分，则需要采取措施，直至其风险在可控范围内。

一般以造成伤害的严重程度为主要评估依据，以发生事故的可能性以及人与之接触的频繁性为辅助依据，可将危险源等级评估为轻、中、高三个等级，若现有控制手段不充分、有效性不足，则必须采取相应措施。对于风险等级高且现有控制手段不充分的状况，通常需要停产整顿。

供参考的危险源管控清单格式见表 4-4。

表　4-4

危险源管控清单					
序号	危险源名称	危险源等级评估（轻、中、高）	现有控制手段	手段有效性	对应措施
1					
2					
3					
4					
⋮					

（6）开展安全单点课。安全单点课是指将安全工作中的知识、经验、教训以及改善事例以单点课的形式呈现，所谓单点课是指针对一点而展开的教育课程。既然是课程，就需要先准备好教案，单点课的教案一般以一页纸呈现，简洁明了，其格式见表 4-5。

表　4-5

安全单点课			班组	
			编制人	
分类	□知识 □经验 □教训 □改善事例		编制日期	
题目			编号	
图解说明：		描述内容：		
讲解人			实施日	
受教育者			参考资料	

一节单点课的时长一般不超过 10 分钟。由于具有简洁、易于开展、价值显著的特点，单点课在不少企业受到青睐。所有单点课的资料应存档，择其优者展示出来。每一年的单点课可汇集成册，就成为一本人人可从中受益的"案例手册"。

单点课的开展需要机制化的推进，即需要有人组织、推进。同时，在讲解之前应对单点课内容进行评估，确保其科学性与实用性。一般来讲，这项活动的开展具有一定的挑战性。

抱着务实的态度，安全单点课可当作班组安全工作中的备选项，首先应做好 5S 工作、开展班组安全教育等，在此基础上，可尝试推进安全单点课。

| 延 伸 阅 读 |

5S 推进黄金八条

学习了班组 5S 的相关知识后，让我们"登高望远"，拓宽一下视野，站在企业角度，探讨一下 5S 的推进如何防止出现"一紧、二松、三垮台、四重来"的状况。对此，我梳理出 5S 推进黄金八条（见图 4-16），其大致原理与前面所讲的班组 5S 知识一致，稍有拓展。

5S推进黄金八条

① 人的提升 · 自始至终将人的提升作为工作重点

② 机制化 · 明确"画线与标识"的标准、责任区域划分、现场检查要求等

③ 活动长期化 · 某项活动长期坚持，坚持久了，就会让人形成习惯

④ 任用5S协调员 · 5S协调员是重要岗位，应任用认真负责的人员

⑤ 成果固化 · 通过培训以及将好的做法、成果标准化等达成固化的目的

⑥ 做好规划 · 每年年底对次年的工作有所规划

⑦ 外界肯定 · 外界的肯定对员工有着激励作用

⑧ 持续改善 · 以5S为基础，深入开展改善工作（如全面质量管理、精益生产等）

图 4-16

1. 人的提升

不当做法：不注重人的提升，仅仅依赖"压着、逼着员工"开展5S工作。

正确做法：如果让人在5S推进中有所提升，有所学，有所成长，员工的参与热情就会高，并珍惜这样的机会。做法上主要有两个注意点：创造学的机会；管理者自己非常熟悉5S，了解其内涵与道理，否则很难去教别人。

2. 机制化

不当做法：想一出是一出，员工无所适从，不知道规则在哪里。

比如，企业负责人走进车间，"火眼金睛"般指出"这不对，那不对"，然而员工并不服气，因为前段时间企业负责人是另外一番要求。充斥随意性的做法，前后要求缺乏一致性，会让员工无所适从。

正确做法：一般性的要求、常规性的做法需要形成机制，通常，5S中的机制涉及"画线与标识"的标准、责任区域划分、现场检查要求、奖惩规定等。机制化可在一定程度上杜绝"随意"的做法。

3. 活动长期化

不当做法：活动做着做着，因领导不再要求而停止了，本来已经积攒起来的"人气""氛围"就此消散，令人惋惜。

正确做法：有些活动的价值在于长期坚持，如每日的早会、每月的5S月报、每月的大扫除等。愈坚持，其价值愈加凸显。企业领导应该促进这类活动的长期坚持。

4. 任用 5S 协调员

不当做法：企业领导认为 5S 协调员是"闲职"，将亲戚朋友、能力不强的人安排在这个岗位上。

正确做法：5S 协调员负责统筹、协调、跟进一个区域的 5S 工作，这是非常重要的岗位，需要选拔认真负责且懂 5S 的人担任，这样才能够促进区域 5S 工作的协调、推进。

5. 成果固化

不当做法：推进有了进展，改善有了成果，但不固化，导致努力辛苦得来的成果"得而复失"。

正确做法：成果固化有三种做法，①对所有新入职员工培训，明确企业的 5S 要求；②将推进中好的做法以文件形式规定下来并推广执行；③将现场达成的效果以可视化看板形式呈现出来。

6. 做好规划

不当做法：5S 推进没有规划（人们不知道后续工作重点是什么，因此会产生"5S 工作会不会持续"的疑惑）。

正确做法：每年年底，应该对次年的 5S 工作有所规划。不仅要做规划，规划还应明确工作重点、时间安排、应达成的目标等。

7. 外界肯定

所谓外界肯定，指客户、供应商或第三方机构对企业 5S 工作的认可，来自外界的认可或赞誉有明显的激励作用。

不当做法：未利用外界肯定的促进价值。

正确做法：当5S做出亮点后，企业应欢迎来自外界的参观或学习（这一点，丰田公司做得非常好。丰田每年接待大量的来自世界各地的参观者，参观者的光临使丰田员工有荣誉感，更有动力将工作做好）。

8. 持续改善

不当做法：满足于现有5S成绩，失去动力或创新想法。企业改善犹如走上坡路，一旦停下来，可能"下滑"。

正确做法：树立更高的目标，往更深、更广的角度拓展，将5S当作基础，深入开展改善工作（如全面质量管理、精益生产等）。

企业层面的5S推进黄金八条有助于班组长更好地理解5S以及未来在更高的层次上推进5S。

05

第五章

质量管控技能

班组是质量系统的一部分，班组需执行好系统从新产品开发时起逐步积累迭代的各种质量要求。

一、质量的基本理念

1. 质量与系统

质量（Quality）也常常被称为品质。质量部门在不同企业的称呼不同，有质量部、质检部、品管部、品保部等。

国际标准化组织（International Organization for Standardization，ISO）对质量的定义是这样的：产品一组固有特性满足要求的程度。这里的特性可以理解成产品的性能或特征。

多数时候，产品质量依据标准来评价。客户来企业采购产品，彼此约定好标准，对产品质量的评价依据约定的标准展开。少数时候，产品质量并不严格按标准来评价，这种情况主要来自消费者。譬如，消费者购买了新能源汽车，新能源汽车牵涉的标准相当多，每一个零部件都有极复杂的标准，普通消费者不可能通晓这些标准，那么他们对产品质量的评价就来自他们的驾驶体验感以及与同类产品做对比之后的感受。

即便是企业客户，它们也有体验感，而且这种体验感在一定程度上左右着它们对产品质量的评价。比如，某客户收到不合格品，生产该产品的企业能否迅速响应，帮客户快速解决？响应迅速，客户可能依然会给出良好的评价，反之，客户会认为"这家企业的产品质量太差劲了，给我们造成了很大麻烦"。

质量管控的最终目的是提升客户满意度，否则质量的价值就会大打折扣。质量学家对质量有一个共识，即质量是由客户判定的。现代企业之间的质量竞争，对客户（包括消费者）的体验感越来越重视，这是决定企业竞争力的关键。

基于这样的认知，我在曾经出版的《质量管理实战》一书中给出了这样的质量定义：质量是依据标准衡量的结果，包括客户的体验感。

质量的定义

质量是依据标准衡量的结果，包括客户的体验感。

探讨完质量的定义，我们再来聊一聊质量系统。质量系统也被称为质量体系，许多企业通过了 ISO 质量体系认证。

所谓系统，指从各个角度进行管控。企业内一般用"质量手册"规定各个部门的职责、质量预防和管控流程以及出现质量问题（如客户投诉有不合格品）时的处置方式等各项内容。班组自然是质量系统中的一个部分。在产品生产过程中，班组起着非常重要的作用。

企业开发新产品时，首先需要确定产品特性（产品应具有的性能或特征），这种特性要么源于与客户的约定，要么经市场调研而来。产品生产过程就是通过一个个工序实现这些产品特性的过程。

从新产品开发到样品试制，工程技术人员（包括质量人员）需要逐步摸索出一整套质量控制规范，这套质量控制规范应尽可能地控制生产过程按照既定方式开展，最终达成所要求的产品特性。然后，经历产品小批量试制过程，对控制手段进行完善。进入量产阶段时，就有了一套相对完善的质量控制规范，主要包括质量检验的设置、质量检验标准、作业指导书、工艺规范、作业人员技能要求等一系列文件。

到这里我们就可以理解，班组在生产过程中参照的检验标准、作业标准等，是确保实现产品特性的基准性文件。它们不是凭空而来的，而是经历探索，"脱胎换骨"而来的。了解这一点有助于我们后续捕捉班组质量管控的重点。

2. 检验的基本知识

检验是管控质量风险、验证过程有效性以及确保供货品质的一种有效手段。

有人认为，检验是一种事后控制手段，这样的看法并不全面。对被检验的具体产品而言，这确实是事后控制手段，因为检查出不合格时，不合格品已经产生。

但如果从过程验证的角度看待检验，检验则有事中控制与事前控制的属性。比如，生产过程中于不同时间点抽检三件产品，结果合格，就验证了生产过程的有效性，这属于事中控制。前面所讲到的首样检验，一旦检验出不合格品，说明当前生产条件存在问题，需排除异常后再开展生产，这样的检验在一定程度上预防了批量性不良的现象，具有预防性，属于事前控制。

生产过程有一定的变异性，比如新员工上线、换了一批新设备、使用了新物料等，或者存在难以察觉的某些变异，比如工装夹具日渐磨损，这些变异性会带来质量的波动。一方面，班组需要管控变异（如新员工上线前进行培训），以保持质量稳定；另一方面，要用检验这一有效手段来验证过程是否发生了不为人知的变异。

因此，检验是一种务实且必要的质量控制手段。按照检验数量的多少，检验可分为免检、抽检与全检这三种基本类型。

免检指免于检验，抽检指抽取一定比例的产品进行检验，全检指全数检验。这三种检验类型的应用场景见图 5-1。

检验的三种基本类型及应用场景

类型	应用场景	说明
免检	①产品质量或生产过程已被充分验证有效 ②产品价值高而检验具有破坏性（如产品需切割后检验） ③企业因缺乏检验设备而无法开展检验	免检是成本最低的一种检验方式。免检并不是不加以控制，一般通过前期验证或后续验证的方式予以控制
抽检	①产品质量或生产过程存在一定风险 ②风险较高时，应加大抽样比例 ③风险较低时，可降低抽样比例	抽检是最常用的一种检验方式，兼顾风险管控与质量成本
全检	①为质量保证或为充分验证生产过程的有效性 ②样品一般采用全检方式 ③流入市场前的产品一般采用全检方式	全检是成本最高的一种检验方式，但能较好地起到质量保证或充分验证的作用

图　5-1

注：某些时候，全检可视作抽样比例为 100% 的抽检。

免检、抽检、全检的选择并不是固定不变的，而是随着质量风险的变化以及实际的质量状况（检验结果）而改变。例如，某物料本来免检，但换了新的供应商后质量风险增加，所以需要抽检；某产品本来采用抽检，但因为出了质量问题，调整为全检，待质量稳定后，又调回到抽检。

企业大多有关于免检、抽检、全检如何选择的程序性规定，如"连续六批次检验无不合格品，转为免检"。

关于检验的基本知识，除了检验的三种基本类型，我们还有必要了解产品检验的基本步骤。产品的完整检验通常包括六个步骤，即"一读，二看，三量，四测，五标，六析"。

（1）一读：读标准。这里的标准主要指检验标准。检验标准规定了产品质量的规格值、抽样比例、所用仪器、检验条件设定（如检验仪器应设定的精度等级）、判定基准等内容。检验标准可能涉及其他的一些关联标准，如材质标准、具体的测试标准、行业标准等。

检验人员首先要读懂标准，其次要掌握正确的检验方法，防止人为误差的产生。

（2）二看：看外观。外观检验通常使用肉眼观察，为减少争议，应设定好视力标准、观察距离和检验范围。

对于判定基准，也应描述清楚，如"无肉眼可见的凹坑""1cm^2⊖内肉眼可见的凹坑不超过 3 个"等。

为便于外观检验开展，可设极限样板，检验中通过比对样板来做出判定，减少争议的产生。一些特定场景下的外观检验，需要借助显

⊖   1cm^2=0.0001m^2。

微镜等仪器。

（3）三量：量尺寸。检验产品的尺寸是否符合要求。量尺寸的常用仪器有卷尺、游标卡尺、高度尺、角度规、测量投影仪等。

新产品试制阶段的样品检验一般采用全尺寸检验，即所有要求的尺寸都要检验。工艺调整后的产品，应尽可能多地检验所要求的尺寸，这一点需要依据质量风险而定。

对于已量产的成熟产品，通常仅需检验关键尺寸，关键尺寸主要指配合尺寸、影响性能的尺寸（如涉及密封性的尺寸）。

（4）四测：测性能。性能测试一般涉及产品应具有的功能、材质性能、产品应具有的可靠性。

（5）五标：做标识。检验结束或暂停时，需要对产品及其状态做好标识，如已检、未检、待检、合格、不合格。与此同时，做好检验数据的记录，确保数据的准确性与精度。

（6）六析：做分析。应对检验数据进行必要的分析，主要分析内容如下：

1）是否存在不合格品？

2）不合格率是否超出了一段时间的稳定状态？

3）是否有接近规格值上下限的情况？

4）数据是否呈现了一定的趋势？

5）是否符合免检或加强检验的程序规定？

班组对数据做初步分析后，应形成检验报告，给出相应的判定，并将信息及时传递给相关人员。对于检验数据呈现出的典型问题，可采用 PDCA 解决问题的八大步骤开展改善。

3. 质量的四条基本理念

班组长掌握必要的质量基本理念，有助于树立正确的质量观，图 5-2 列出了四条简洁且富有哲理的质量基本理念。

质量的四条基本理念

①一开始把事情做对
②没有质量，就没有尊严
③产品在手中，质量在心中
④质量，始于教育，终于教育

图　5-2

（1）一开始把事情做对。一开始把事情做错了，很可能会造成批量性不良，所以，在"班组每日七件事"中，开早会与首样检验被放在了当班一开始就要做的位置上：早会上对作业关键点、质量易错点进行强调，打好"预防针"，让员工一开始就做对；首样检验，确保一开始做出的产品就符合要求。

（2）没有质量，就没有尊严。企业依赖客户而生存，客户会选择质优价廉的供应商，但如果产品质量出了问题或者质量没保证，客户一定弃之而去。这样的产品流到市场上，消费者除了抱怨，还会对企业充满了鄙视。在这样的企业工作的员工，在被人知晓的情况下，也难免被人在背后"指指点点"。这样的状况，对企业与企业员工而言，又有何尊严可言？

（3）产品在手中，质量在心中。这是每一位员工应具有的基本认知。有些人狭隘地认为"质量是质量部门的事"，这种认知是错误的。"产品在手中，质量在心中"这句话告诉我们，质量是全体人员的事务，每个人对质量都担负着职责，都能够做出自己的贡献。

（4）质量，始于教育，终于教育。这句话是日本质量学家石川馨提出的。要做好质量，就需要培育好人的意识与技能。有好的意识，说明人重视质量，了解质量的重要性。有技能，人才能够真正管控好质量。

在质量管控过程中，有教训，也有经验，应将它们梳理出来去教育员工，这样员工的意识与技能就会不断提升。这就是"质量，始于教育，终于教育"的含义。

二、班组质量管控四件事

在学习了质量的基本理念之后，我们来探讨：班组质量如何管控？班组质量管控需要体现落地性与务实性，共有四项重点事务，分别是落实各项检验、管控不合格品、管控 4M1E、提升员工质量意识。

1. 落实各项检验

生产现场的检验设置，如自检、巡检等以及检验标准等，是质量系统从新产品开发时起逐步积累迭代而来的，能够较好控制质量风险、开展过程验证以及确保质量。班组需要执行好各项检验工作以及相关的质量要求。

与班组相关的检验形式较多，见表 5-1。

表　5-1

与班组相关的检验形式			
检验形式	说明	目的	备注
来料检验	对来料开展检验的一种形式	确保来料质量	对应英文为 Incoming Quality Control（IQC）

（续）

与班组相关的检验形式			
检验形式	说明	目的	备注
首样检验	对当班班次生产出的第一个或前几个产品进行质量验证	确保一开始的生产条件符合要求	统称为过程质量检验，对应英文为 In-Process Quality Control（IPQC）
巡检	由检验人员按一定的时间间隔对正在生产的产品抽检，如每隔 2 小时抽检 3 件产品	对生产过程验证，确保生产过程在受控状态	
末次检验	对当班班次临近结束时生产的产品检验（末次检验仅部分企业采用）	有可能发现生产过程检验时所疏忽的问题	
互检	由下工序对来自上工序的产品检验	及时发现问题，避免带着问题继续生产	
自检	由员工自行对本工序生产的产品检验	及时发现问题，不将不合格品流到下工序	
成品检验	对生产完成品的检验，一般为较为综合的检验（如外观、尺寸、性能检验），多为全检方式	确保成品符合质量要求	常合二为一；成品检验对应英文为 Final Quality Control（FQC）；出货检验对应英文为 Outgoing Quality Control（OQC）
出货检验	产品出货前的检验，对产品质量的抽检以及对产品数量、包装、附件（如安装工具、合格证）、客户信息的检查	确保客户收到完全符合要求的产品	

（续）

与班组相关的检验形式			
检验形式	说明	目的	备注
检验工序检验	专门工序检验，如泄漏测试工序、表面光洁度检验工序	在生产过程中的关键节点确保产品质量	一般是关键工序

业界有一种关于质量管控的"三不政策"的说法，即"不接收不合格品，不制造不合格品，不传递不合格品"。不接收不合格品，指通过互检的形式检查来自上工序的产品，如发现问题，应退回给上工序；不制造不合格品，指按作业标准作业，不因个人因素而生产出不合格品；不传递不合格品，指开展自检工作，不把不合格品传递给下工序。

检验设置并不是一成不变的，随着产品成熟度以及生产稳定性的提升，应减少检验频次或检验数量，比如原先巡检每隔 1 小时抽检 3 件产品，现可调整为每隔 1 小时抽检 1 件产品，甚至在必要时可取消巡检。

对检验设置的动态调整，使检验要求符合当下的实际状况，同时维持风险管控与质量成本的平衡。一般情况下，首样检验不能取消，正如前面分析的，它具有一定的预防性，能防止批量不合格品的产生。

2. 管控不合格品

有检验，就有一定概率发现不合格品。随着科技发展，某些检验已经不再依赖人工检验，机器能够自动剔除不合格品，一些机器还具有遇到不合格品报警的功能。

产生的不合格品如何管控？这是质量系统工作中的一个重点，同时也是客户或第三方审核时关注的一个重点。

班组担负着管控不合格品的主要责任。管控不合格品的首要原则为"不将不合格品流向客户"。多种检验形式的设置，就像一套组合拳，就为了达成这一目标。班组对已经产生的不合格品需要做到以下四点。

（1）标识。在不合格品上贴上"不合格"的标签，尽可能标明不良位置及类型，便于后续处理。工作中会遇到一种情况，某些不良极细微，如果不标明不良位置及类型，后续处理时，再也找不到当初发现的不良。

某些产品过小或者因其他因素（如食品）无法在产品上贴标签，可将标签附在产品下方或产品包装盒上。

（2）隔离。将不合格品放置在红色不合格品框或有红色画线的不合格品区内。

（3）记录。记录下不合格品的相关数据，包括产品名称、发现工序、产线名、班次、数量以及不良类型。记录确保了可追溯性，它是质量数据分析的基础。

一位奢侈品销售员，从所谓的"销售宝典"里学到了一种做法：多次跟进客户。这位销售员照着去做，但业绩还是平平淡淡。于是，他准备放弃这份职业。就在心灰意冷，一个人坐在路边翻看以前的拜访记录与成交记录时，他发现了一个以往未注意到的数据趋势：以往80%的成交来自20%

的拜访，这 20% 拜访的典型特征为他对客户的第 1 次或第 2
次拜访。他以往 80% 的拜访却是对客户的第 3 次、第 4 次、
第 5 次拜访。发现这个趋势后，他改变了策略，将重点放在
寻找、开拓新客户上，同时一般拜访不超过 2 次。因为这个
调整，他的业绩有了大幅提升。

依据不合格品记录将数据汇总分析，常能发现一些问题的典型特
征或规律性，如不合格品主要来自某台设备，从而将针对这台设备的
改善作为重点。

此外，需要注意的是，不合格品的记录是客户或第三方审核的重
点对象。

（4）汇报。将异常状况或者班组的发现汇报给相关人员，以便于
采取措施或开展改善工作。

不合格品在管控好之后的处置方式一般有三种：返工，报废，特
采。返工、报废比较好理解，特采是特殊状况下一种特别的处置方
式，仅在部分企业有特采的程序。

特采也被称为让步接受，指对质量标准略做下调，进而对原本的
不合格品特殊采用，以解决客户的燃眉之急或避免重大损失。特采不
一定是企业的原因，比如客户指定并直接管控的供应商的物料出了质
量问题，或者客户原先制定的技术标准存在问题，发现时产品已经生
产出来了，客户评估后认为可以以特采的方式予以应用。

特采必须取得客户的正式批准，仅有一种例外情况：企业内部的
质量标准严于客户的标准，按内部标准判定为不合格品的产品还是符
合客户的标准要求。但这种情况，也需要经过企业内部评审委员会评

审，批准后方可采用特采方式。

特采，说明确实出了问题，因此相应地需要采取纠正预防措施。某些时候，客户虽然批准了特采，依然会对供货企业进行惩戒性索赔。

对待特采必须慎之又慎，严格按程序推进，禁止任何擅自做主的行为，否则有可能酿成质量事故。

返工、报废、特采，都必须做相应的记录或产品标识（返工、特采的产品都必须做标识），确保可追溯性。

综上，班组不合格品管控的要点可绘制为图 5-3 这样的简图。

班组不合格品管控简图

图　5-3

3. 管控 4M1E

4M1E 指人员（Man）、机器[⊖]（Machine）、物料（Material）、方法（Method）、环境（Environments），简称"人、机、料、法、环"。

4M1E 是影响质量的五大要素，任何一个要素出现问题，都会导致质量问题。班组对 4M1E 的基本管控内容见表 5-2。

　　⊖　本书中机器与设备同义，根据日常作业习惯而酌情采用。

表　5-2

班组对 4M1E 的基本管控	
4M1E 要素	管控内容
人员	通过宣传、培训以及训练确保人员有良好的意识与技能
机器	通过点检与日常维护，防止设备性能劣化以及出现故障
物料	通过来料检验以及关注生产线物料问题，防止因物料导致的质量问题
方法	通过遵守系统输出的各种规范作业，确保质量目标的达成；如果规范有问题，应及时反馈并予以调整
环境	做好 5S 等工作，确保适合物料存放以及满足产品生产的温度、湿度要求与其他特殊环境要求

当 4M1E 各个要素稳定时，作为结果，质量也会进入稳定受控的状态。当 4M1E 各个要素的水准普遍提升时，质量水准以及作业效率也会相应提升（见图 5-4）。

4M1E：从稳定到提升

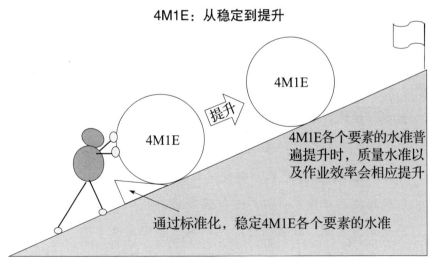

图　5-4

人员是五大要素中最为关键的，因为其他四个要素主要由人员来把控，如设备参数的设置、设备维护以及对来料质量的把控等。

丰田有一个"教育八原则"，与工作教导四步骤配套使用，能起到增强工作教导效果的作用。

（1）站在对方的立场上。摒弃"这项作业很简单，你怎么老是学不会？"的想法或言语，根据被教导者受教育程度、工作经历，有针对性地因材施教，教导过程中保持足够的耐心。

（2）动机是重要的。阐明该项作业的价值或意义，提升被教导者的学习积极性。

（3）从易到难。从简易的地方开始，逐步深入到难点，便于被教导者循序渐进地掌握技能。

（4）一次一事。一次只教导一项作业，在被教导者熟练掌握该项作业后，再开展其他作业的教导。

（5）反复进行。通过反复进行，让被教导者对作业有更深的理解。

（6）强化印象。通过向被教导者提问、让被教导者复述过程、彼此观摩等形式，强化被教导者的印象。

（7）利用感官。在适当时机下，让被教导者用手、耳朵等直接感受产品或产品间的细微差别。

比如，让被教导者用手触摸合格品与不合格品的表面，感受细微差别；让被教导者用耳朵听装配过程中的"咔嚓"声，告知被教导者，只有听到明显的"咔嚓"声，才算装配

到位；让被教导者直接品尝产品（食品）的味道，说明此味
道跟作业中的哪个步骤有关联。

（8）理解功能。阐明所生产产品的最终用途，有助于被
教导者在正式作业时发现可能的异常点。

4M1E 有可能出现变异，对变异的有效管控，能确保质量仍然在
稳定受控的状态。班组长与班组成员对现场最为了解，因此需要关注
4M1E 可能的变异状况。

变异有两种状况，一种变异显而易见，如新员工上线、来了新设
备等，这种情况一般符合验证流程即可；另一种变异非常细微，甚至
"悄无声息"，如工装夹具的细微磨损、物料的细微变化。这种变异的
发现，一方面依赖于班组的各项检验工作，另一方面依赖于员工良好
的质量意识。

4M1E 还有一个应用场景：既然任何一个要素出问题，都会导致
质量问题，那么反过来，质量出了问题，可从 4M1E 的角度进行分
析，通过对比排除，找到相应的问题要素。

班组在管控 4M1E 方面，一般要做好四点（见图 5-5）：①做好基
本管控工作，使 4M1E 符合要求；②提升 4M1E 的水准，进而提升质
量水准；③关注 4M1E 的变异，并予以管控；④从 4M1E 的角度分析
质量问题。

4. 提升员工质量意识

质量意识通常指人们对质量的重视程度以及原则性的遵守。

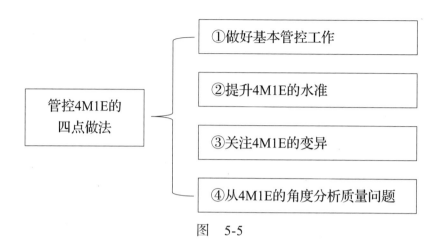

图   5-5

员工如果缺少质量意识，可能导致质量问题频发，或者有问题而不能及时发现，其危害是确实存在的。比如，班组各项检验中有自检、互检的要求，这两项检验大多时候并不需要做检验记录，做不做、做得如何，更多地依赖员工的个人认知，如果缺乏质量意识，这两项检验的执行效果就会较差，甚至形同虚设。

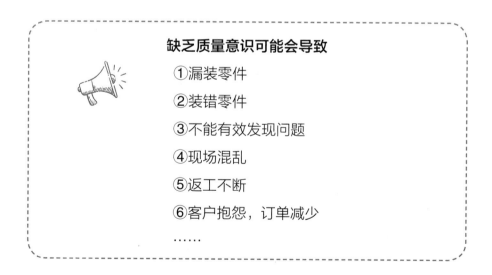

员工质量意识的提升有两个难点，一个是意识看不见、摸不着，很难找到提升的着力点，另一个是假如班组长缺乏质量意识，受之影响，员工的质量意识很难得到提升。

因此，员工质量意识的提升有一个重要前提，就是班组长必须具有良好的质量意识。

在这个前提之下，我们对质量意识进行剖析，就容易找到提升质量意识的着力点。员工的质量意识主要体现在四个方面，或者说员工要做到四点（见图 5-6）。

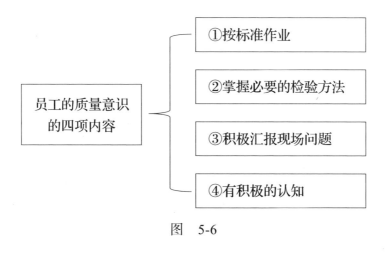

图　5-6

（1）按标准作业。这里的标准就是指系统输出的各种规范。标准明确作业过程需要实现的产品特性，并确保作业达成这些特性，这是作业标准中质量控制的部分。标准还提供了确保安全的作业方法、优化的作业方法。因此，一份好的作业标准，具有三方面的价值：确保安全，保证质量，提升效率。

（2）掌握必要的检验方法。员工倘若未掌握检验方法，或者检验技能不熟，那么他就无法及时发现本工序或上工序的产品问题。对于员工而言，检验方法有两类。一类是通用的检验方法，这些检验方法在本企业的生产中经常要用到，比如某企业的检验经常用到万用表、游标卡尺，员工需要掌握相关的通用的检验方法。另一类是本工序的检验方法，如某工序需要对产品表面的油漆进行检验，员工就需要掌握油漆外观、膜厚测试仪测油漆厚度等的检验方法。

（3）积极汇报现场问题。员工在作业时，极有可能发现现场细枝末节的问题点，这些问题点即便是在现场的工程师或管理人员，都未必能在第一时间发现，因为他们对现场细节的了解远不及天天在现场作业的员工。

　　一位班组长匆匆找到主管，说有员工反映可能混料了，于是主管赶紧和班组长来到现场。员工拿出两个物料，主管对着两个物料看，怎么也看不出区别来，形状、颜色都是一模一样的。看到主管有点丈二和尚摸不着头脑的样子，这位员工指着其中一个物料说："这上面英文字母标的是'BG'，而另一个上面标的是'BE'，我们之前用的一直是标'BG'的。"主管知道这件事非同小可，拿着两个物料去确认。结果证实，这确实是一起严重的质量事件，供应商将正在小批量试制的新产品混在了正常量产的产品中。

　　由于员工的及时发现，避免了一起质量事故。后来了解到，供应商并非有意为之，而是内部疏忽造成了问题。供应商因为这件事也付出了相应的代价。

员工具有良好的质量意识，就会成为观察问题的"哨兵"，能够发现与平常不一样的细节问题，及时阻止问题的蔓延。

（4）有积极的认知。除了上述行为之外，员工应对质量有积极的认知，对待质量有股认真劲儿，乐意通过学习提升自我及参与质量改善，并在改善中积极提出自己的建议。

明确员工的质量意识的四项内容，提升员工质量意识就有了着力点。班组长具体要做的有以下几件事。

（1）提供合乎要求的标准，防止因标准差错而误导员工作业。不少企业的标准存在差错或有不严谨的地方，这使员工夹在中间左右为难——按理必须遵照标准，但标准又有一定的问题。班组长应重视这类问题，收集好问题点，反馈给相关人员，督促对标准进行更新，这个过程应及时给予员工反馈。

（2）培训员工检验相关的技能。参照工作教导四步骤法与丰田教育八原则开展培训或训练工作，并进行技能考核。

（3）鼓励员工汇报现场问题。当员工有吃不准的问题（如是否混料、是否属于不合格品等问题）汇报时，班组长不能因员工反映的问题"简单"而加以"嘲笑"或不当回事，即便员工反映的问题并没有什么价值，也要感谢员工的细心与用心。

（4）通过宣讲等方式提升员工对质量的认知。讲解质量理念、质量小知识，开展班组质量小沙龙等活动，可提升员工对质量的认知。

良好的质量意识具有正面影响力，一个人有质量意识，会影响到身边的其他人，当大多数人都具有良好的质量意识时，就会形成一定的质量文化。

班组质量管控工作主要有四件事：落实各项检验、管控不合格品、管控 4M1E、提升员工质量意识，在此基础上，可再开展一定的改善事务。

三、班组质量管控的四大戒律

没有质量，就没有尊严。要获得这种起码的尊严，从班组的角度来看，需要遵守四大戒律（见图 5-7）。

班组质量管控的四大戒律

①戒不按标准 "标准"是需要共同遵守的契约	②戒不传信息 他人得不到信息，品质难以控制
③戒隐瞒不报 延误"战机"，会使小问题变成大问题	④戒数据造假 任何弄虚作假的行为都可能导致质量事件

图　5-7

1. 戒不按标准

有人形容标准就像"乐谱"，大家一起按照"乐谱"演奏，才能演奏出悦耳动听的音乐，生产也一样，大家按标准作业，才能生产出符合质量要求的产品。

标准是生产需要共同遵守的契约，如果标准有问题，应通知相关人员及时调整。改善取得的成果，也应该巩固在标准之中。

倘若不按标准，各行其是，质量极有可能出差错。所以，聪明的班组按标准做事，围绕标准做事，工作变得相对轻松。

2. 戒不传信息

班组长在工作沟通上如桥梁，起到上传下达的作用。员工的想法、建议需要适度传递，让领导知道，同样，领导指示、客户投诉、工艺质量新要求、会议决议等，凡是跟现场作业有关的，都必须及时传递给员工，否则，员工只会按照老方式作业，不知应该注意的要点，产品极易出现问题。

3. 戒隐瞒不报

诸多事例提醒人们，隐瞒不报会延误"战机"，使小问题变成大问题，甚至因为延误使得解决问题的代价巨大。

班组是企业察觉问题（特别是现场问题、质量问题）的"神经末梢"，要发挥出相应的作用，班组遇到相关问题时应第一时间上报。

班组长应适度引导班组成员对问题有所认知（问题某些时候就是改善的机会），减少成员上报问题的顾虑。

4. 戒数据造假

数据是分析现状、做出决策的依据。数据造假会使数据不再有参考性，误导高阶管理层的决策，此外，数据造假蒙蔽客户的结果极有可能使企业在市场上无立足之地。

从管理者的角度看，要杜绝数据造假，需要尽可能让这些数据派上用场，数据收集而不用，是基层人员造假的温床。另外，数据表格应尽量精练，使员工每天花在填写表格上的时间不超过半小时。

在质量的"禁地"，由不得任何"撒野耍泼"的行为，四大戒律是必须要遵守的"清规戒律"。

| 延 伸 阅 读 |
质量管控的五项基本原则

掌握了班组质量管控的相关知识，让我们再次登高望远来拓宽一下视野，了解一下企业质量管控需要遵守的五项基本原则（见图5-8）。

质量管控的五项基本原则

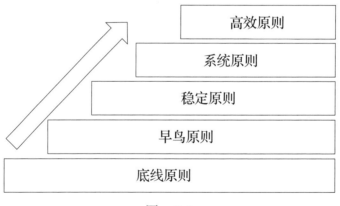

图   5-8

1. 底线原则

所谓底线原则，就是构建企业质量管理的底线，并且不逾越底线。我国企业的质量管控水准总体上有了长足进步，然而还是有逾越底线、危害消费者的事件时不时地如幽灵一般闪现出来。

企业践行底线原则，有三点基本做法：①配置资源，质量管控需配置必要的资源（如检验设备、必要人手），否则即便有心不逾越底线，事实上也很难保证；②满足要求，将满足客户要求当作一条底线来对待，许诺客户的就应该做到，若做不到应事先沟通，绝不能忽悠客户；③防止事故，一起质量事故常给企业带来惨重的损失，根据以往事例，弄虚作假是质量事故的第一来源。

一家企业若不遵守底线原则，很容易陷入名誉扫地的困境，而且会给客户或社会带来危害。有所为，有所不为，遵守底线原则是企业走上康庄大道的前提条件。

2. 早鸟原则

所谓早鸟原则，指问题发现得越早，处理得越早，损失越小。

从质量管控的角度看，"早"字体现在三个方面：①产品设计阶段的质量管控；②来料的质量管控；③产品生产初期的验证（主要指新产品试制阶段的验证以及量产产品的首样检验验证）。

企业如果不遵守早鸟原则，质量成本将居高不下。

3. 稳定原则

所谓稳定原则，是指将质量的波动控制在一定范围内。

一家餐饮企业试制菜品直至品质最佳，将菜品提供给客人时，就需要确保菜品品质的稳定性，否则客人就会流失。

能否遵守稳定原则在一定程度上体现了企业对质量的管控能力。

要达成稳定受控的目的，一方面需要明确达成质量特性的控制要求，另一方面要在生产过程中管控好 4M1E 的五大要素。

只有在稳定受控的状态下，产品质量才会有基本保证。

4. 系统原则

所谓系统原则，指有所规划、有侧重点，从各个角度推进质量管控工作。

系统性工作通常包括①对问题点或薄弱环节诊断；②必要的规划；③人员培训；④标准化工作；⑤各种实施工作的检查与纠正；⑥阶段性的回顾总结；⑦持续改进。

系统具有全面性、预防性、能够自我矫正的特点，系统能够更好地实现质量保证。

5. 高效原则

所谓高效原则，指在质量系统实现质量保证的同时，进一步追求提升系统效率。

构建高效的质量系统需做到以下八点：

（1）简洁的文件体系。

（2）精准的检验设置。

（3）选用有效的质量工具。

（4）高效解决问题的机制。

（5）全员参与的质量管控。

（6）人员的质量意识与技能达到一定水准。

（7）务实型的质量文化塑造。

（8）相对高效的整体企业运营机制。

在系统原则的基础上追求高效原则，将大大提升企业的质量竞争力。

质量管控的五项基本原则由我于 2015 年提出，相对容易理解，五项原则之间呈一定的递进关系，是企业质量管控必须遵循的基本性原则。

06

第六章

效率提升技能

　　企业管理的根本目的就是效率提升，从而使企业更具有竞争力。本章将分享质疑法、作业动作改善法、时间损失分析法三种效率提升方法，班组长应掌握这三大基础性的效率提升方法。

一、什么是效率

效率是有效产出与投入资源之比，效率是企业永恒的追求。投入资源主要包含人员、资金、时间。效率可简略表示为单位时间内的有效产出，其中，时间是重要的衡量因素。

效率的定义

效率是有效产出与投入资源之比，可简略表示为单位时间内的有效产出。

人员和资金在一定程度上可转换为时间进行表达。

3 名作业人员作业，每人作业时间 8 小时，则 3 人的总作业时间为 24 小时，这是将人数（3 人）转换为时间（24 小时作业时间）的一个例子。这 24 小时作业时间意味着需要支付 24 小时的工作报酬，由此可见，时间在一定程度上意味着金钱。

美国 20 世纪 90 年代曾有汽车销售商推出购车花 1 万美元就返还 1 万美元的活动，返还的为 30 年到期的 1 万美元国债，由于时间在一定程度上意味着金钱，按照当时的利率计算，30 年后拿到的 1 万美元仅约相当于当年的 1000 美元。

人们经常说，时间就是金钱，时间就是效率，也就不难理解了。通常，时间是效率提升中的关键因素。

用较短的时间做成一件事，就是有效率，也就是我们平常说的"快"——天下武功，唯快不破。"快"在很多场景中关乎客户体验感并进一步关乎企业的竞争力。

　　某餐馆的餐桌上放着一块牌子，上面写着"28分钟上满一桌好菜，超时菜免费"。餐馆服务所追求的"快"，在于给客户好的体验感。如果在餐馆就餐时，一个菜吃完了，下一个菜还没上，这种断断续续的就餐方式肯定无法让人体会到用餐的快乐。因为"快"，一拨人吃完了，另一拨人来了就可就餐，餐馆的翻台率就高，其盈利能力就会明显增加，竞争力也会大大增强。

　　张瑞敏曾经问经理们：如何让石头在水面上漂起来？经理们各抒己见，有的说将石头掏空，有的说在水面上铺一层平板。张瑞敏摇摇头，说出了一个字："快"。如果沿着水面抛石头，石头足够快，就能在水面上激荡飞驰，到达彼岸。

　　提升效率考量的另一个方面为产出是否为有效产出，如做了三件事务，三件事务都合乎要求，那么就是有效产出。在产品生产中，有效产出指合格品。

　　效率如何提升呢？依据效率的定义，可以确定基本思路：同样的产出缩短时间，或者同样的时间提升有效产出。通常，重点在于缩短时间，提升时间利用率。接下来，我介绍三种基础的效率提升方法。

二、质疑法

　　"凡事皆可优化。"任何事情在现状的基础上都有一定的优化机会，这是质疑法的理念基础。

所谓质疑法，指通过质疑现有做法，找出问题点或值得改善的地方，进而开展改善，达到提升效率的目的。

那么如何质疑，从哪里入手呢？这就需要介绍一个简单有效的方法：5W1H法。

5W1H是Who、What、When、Where、Why、How 6个英文单词的首字母缩写，这6个单词皆为疑问词，即谁、做什么、什么时间、什么地点、为什么、怎么做，可简略地表示为何人、何事、何时、何地、为何、如何，因此5W1H法也被称为六何法。

如果从这6个方面阐述一项工作，那么可以清晰地表述这项工作的现状，进而可从这6个方面开展质疑，既顺理成章，又能顾及周全。

运用5W1H法对一项工作现状质疑，做法见表6-1。

表 6-1

5W1H法质疑参照表		
5W1H	质疑点（示例）	可能的发现（示例）
Who	为什么是他？他符合资质要求吗？有无更合适人选？	人员作业手法不对；人员对作业关键点理解不透；人员检验技能不熟；应换老员工或有资质的员工作业，可大幅减少不合格品
What	为什么要做这件事、这项作业、这个动作？	只要做这件事的一部分就能够达成目的；这项作业完全可以优化；这个动作完全可以取消
When	为什么这个时间做？能否换个时间做，从而更合理？	更换一个时间（调整顺序）会更为顺畅便捷；原定于上午10点的巡检可调整为下午1点

（续）

5W1H 法质疑参照表		
5W1H	质疑点（示例）	可能的发现（示例）
Where	为什么在这儿做？能否换个地方（工位）做，从而更合理？	更换一个地点，将作业调整到另一个工位更为合理
Why	现有作业的安排合理吗？理由是否真的经得起推敲？	由于情况转变，原先的作业安排已不合理，所以要进行优化，其中的一项作业可省去
How	有无新的作业方式？如何做才是最佳方式？	增加两个工装夹具；产线加装传送带；转变现有物料供应方式，由原先一天发放一次物料改为每小时发放物料一次，减少现场物料堆积现象

企业界流传着这样一个段子。让执行力强的员工一天擦 6 遍桌子，他会认认真真执行。但如果是执行力不足的员工，让他一天擦 6 遍桌子，一开始他会认真执行，时间一长就会自己打折扣，每天只擦三四遍，最后甚至变成一天只擦 1 遍。

学习了 5W1H 法的人会一眼看出段子中值得质疑的地方。员工偷懒固然不对，但每天擦 6 遍桌子合理吗？如果每天早中晚各擦 1 遍，一天 3 次已经能够保持桌子干净整洁的状态了，原来一个人一天可以擦 30 张桌子，调整后一天可以擦 60 张桌子，效率提升了一倍，何乐而不为呢？

上述案例中的质疑，找到了一定的改善机会。如果对现状有更充分的把握，继续从 5W1H 的角度开展质疑，可能会找出更多的改善机会，这就是 5W1H 法的价值。

　　某火锅餐饮企业的员工学习了 5W1H 法后，大胆把握现状，并在现状基础上开展质疑，找到了一些颇具价值的改善机会。他们对菜单进行优化，在原有菜单的基础上，对部分菜品进行整合，增加了两个标准化套餐，一个叫"肉多多"（这个套餐里荤菜较多），一个叫"菜多多"（这个套餐里蔬菜较多），这样可以简化大多数客人的选择，也方便后厨备菜。客人坐下准备就餐时，服务人员会端来有 6 种经典调料的托盘，客人无须走到专门的调料区配置调料，这样就无须设置专门的调料区，仅在就餐区的一台面上放置更多的调料供客人选用即可，既节约了空间，也使客人获得了简单便利的服务。此外，该餐饮企业引入机器人与信息化系统，通过这些改善，效率有了明显提升。

　　使用 5W1H 法质疑，既要从细节入手，也要在整体上进行把握，这样才能找到从点到面的问题点，更好地开展改善工作。

　　5W1H 法是一种简单易用的质疑方法，那么有没有一种同样简单易用或者可与 5W1H 法配套使用的改善方法呢？

　　回答是有的，这就是 ECRS 法。5W1H 法与 ECRS 法有点像俗话中说的"孟不离焦，焦不离孟"——5W1H 法负责"打前阵"找问题点，ECRS 法负责"打后阵"开展具体的改善。当通过 5W1H 法找出问题点后，通常优先使用 ECRS 法开展改善工作（见图 6-1）。

质疑法的简单逻辑

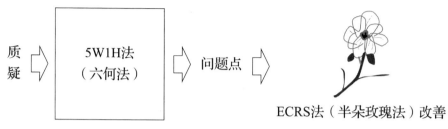

ECRS法（半朵玫瑰法）改善

图　6-1

ECRS 是 Eliminate、Combine、Rearrange、Simplify 4 个英文单词的首字母缩写，通过 5W1H 法找出问题点，优先考虑能否予以消除（取消）、合并、重组（调整顺序、地点或结构）以及简化（见图 6-2）。

ECRS简单释义

消除	消除不必要的物品、事务、干扰项
合并	将两件或更多事务合并在一起，减少处理时间
重组	顺序、地点或结构上的重新调整
简化	简化原有做法，使复杂变简单

图　6-2

回顾前面所讲的"5W1H 法质疑参照表"以及"擦桌子""火锅餐饮企业改善"的案例，我们可以看出，改善手法多包含了 ECRS 法。

ECRS 法又称为半朵玫瑰法，这是因为将 ECRS 4 个字母的顺序稍做调整，可写作"RCSE"，与玫瑰的英文单词 ROSE 非常接近，而字母 C 看上去是半个字母 O。

ECRS 法不仅可用于生产中的作业改善，也可用于事务或流程的改善。我们按照 ECRS 字母的顺序多举一些事例，以便读者更全面地理解、掌握 ECRS 法。

（1）消除（E）的事例。

1）取消不必要的会议，节约人员时间。

2）消除不必要的表格，减少填写工作量。

3）消除重复的工序，如两道重复清洗工序，仅保留一道即可。

　　某产品最后一道生产工序原来为拧上螺丝，后来，客户告知这是一道不必要的工序，因为客户需要将螺丝拧下来才能进行加工，加工完成才需拧上螺丝，因此工厂仅需将螺丝放在包装袋中即可。取消拧螺丝工序，对双方作业都有好处。

（2）合并（C）的事例。

1）将生产部与质量部划归为同一位领导管理，以减少两个部门之间的纷争。

2）将两个相连且用时很少的工序合并为一道工序，以提升效率。

3）某工序的作业指导书与工艺文件都比较简单，将两者合二为一，员工参照一份文件即可。

　　某企业设有多个"窗口"和外部对接，客户因某一件事需要来来回回找很多人，后在客户建议下，将对接"窗口"合并为一个，一个"窗口"帮客户解决所有事务。

（3）重组（R）的事例。

1）重组报告的内容，使之更易被理解。

2）调整改善小组的部分成员，使小组成员各有特长，便于协作从而推进改善。

3）调整会议议题的顺序，让一部分人讨论完后可以先行离开。

一个人想将盘子中的沙子、石头、小石子放进一个杯子中，先放沙子再放石头、小石子，无法完全放进去，调整顺序，先放石头，再放小石子，最后放沙子，就可以完全放进去了。可见某些场景下，可以通过调整顺序获得不一样的结果。

（4）简化（S）的事例。

1）简化过于复杂的包装，以节约成本。

2）简化审批流程，使决策得到更快速的执行。

3）生产稳定后，降低抽样比例以及减少检验频次。

某企业文具申领有一套流程，需要个人填写申领单，经领导批准，采购部门采购到位后予以发放，申领人还要填写签收记录。新上任的领导认为将员工的时间浪费在这些流程上毫无必要。对流程优化后，普通文具放在办公柜中由员工自行领取，仅少许价值高的文具才需要填写申领单。流程的简化使员工有更多的时间从事本职工作。

某超市商品琳琅满目，每个品类都有众多商品。后该超市改变策略，每个品类仅提供一两种优质商品供客户选择，简化了客户的对比选择，且更聚焦于目标客户的服务，营业利润反而得到大幅提升。

从 ECRS 法引申开来，还有一种源自奥斯本[⊖]（1888—1966）的创意改善法，主要改善思路涉及：①排除；②正与反；③正常与例外；④定数与变数；⑤转化与适应；⑥集中与分散；⑦扩大与缩小；⑧并列与串列；⑨改变顺序；⑩平等与直列；⑪互补与代替；⑫差异与共性。

在运用 ECRS 法开展改善的同时，可进一步借助奥斯本创意改善法拓展思路。

三、作业动作改善法

作业动作改善法不仅能提升作业效率，还能降低员工的作业强度。绝大多数作业动作改善符合 0.6 秒法则，可适度引导员工参与到动作改善中来，通过这种参与使自己作业更为轻松、便捷。

有些工业界人士将员工的作业动作分为五个等级，等级越高，强度越大。

- 第一等级：仅需动手指进行操作。
- 第二等级：动手指、手腕（动作等级越高，动作幅度越大）。
- 第三等级：动手指、手腕、小臂。
- 第四等级：动手指、手腕、小臂、大臂。
- 第五等级：除了上述动作，还有躯干动作（如转身、弯腰）等。

动作等级越高，动作复杂度越高，作业时长越长，强度越大。所

⊖ 美国创意学家，头脑风暴法提出者。

以，动作改善的简单方法就是观察现场人员的作业等级，重点观察有无第四等级、第五等级的作业，将等级降低，或者在降低不了等级的情况下减小动作幅度。

改革开放初期，一位客商寻求服装厂合作。他走进某地的服装厂，在现场观看了一圈，然后对该厂的负责人提出建议：现有的布料框、成品框都放在地上，员工无论是取布料还是放置成品都需要弯腰且幅度颇大，应将布料框与成品框都相应垫高，这样可以方便员工作业。负责人听了这个建议，才想起员工曾有"一天作业下来，整个腰都发酸"的抱怨。按照客商的建议采取措施后，员工左右伸手就可以取到布料及放置成品，作业轻松了很多。仅此一项简单的改善，该厂的生产效率提升了近20%。

运用工装夹具使人员作业轻松方便，这也是作业动作改善法的常规思路。

（1）定位或定型装置。许多酒店早餐煎鸡蛋会用箍圈，将鸡蛋打在箍圈内，使其成型，这样煎鸡蛋的作业变得简单易行。这就是定型装置的应用。生产作业中，如要在产品表面喷字，一般也会应用定型装置。

生产作业中，借助定位装置的应用场景更多，如模具上的定位销、两个产品相互对接时用的定位装置等。

（2）转盘。借助转盘，方便产品在生产过程中的传递，可避免搬运或起身弯腰的动作。如餐桌上吃饭，通过转盘，将菜肴转到每个人的面前，就餐人员无须站立弯腰去够。

人员作业时需用到多种工具，将所需工具放在转盘上，转动转盘，就可以拿到相应的工具，还方便相邻工位的人拿取工具。

某企业生产体形较大的钣金箱，原先的成品检验，员工需要绕着产品走一圈检查外观及不同部位的尺寸，每天下来要走上好多圈。改善后借助转盘，产品放在转盘上，通过转动转盘来检查外观及尺寸，员工作业轻松了许多。

（3）镜子。战争影片中经常有这样的场景：士兵躲在墙角，不敢也不能探出头探查敌情，他会伸出一个锃亮的饭勺，将饭勺当镜子来观察。

在观察或检测中，镜子是一种有用的工具，如某产品内部不好观察，借助镜子的反射就可以看到内部状况。

某电视机工厂的成品检验，正对着员工工位的位置上方放着一面硕大的镜子，镜子上端稍稍向员工倾斜，便于员工略一抬头就能看清镜子中的影像。这面镜子大大方便了员工的作业。原来，员工在工位上检验完电视机的背面，需要将电视机转过去检查电视机的正面以及电视机通电后的画面状况，效率低且伤眼睛（因为画面离眼睛太近）。

有了镜子之后，检查完电视机的背面，员工略一抬头，就可以检查电视机的正面以及通电后的画面状况，效率明显提升且能保护视力（见图6-3）。

传说，有一种鸟能跨海飞行，它需要的只是一小截树枝，飞累了，将树枝放在水面上，稍事休息，就能继续飞行，直至飞过整片海

利用镜子（示意）

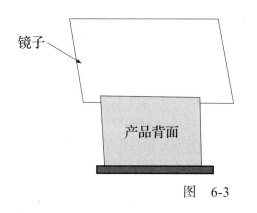

镜子

员工检查产品的背面后，通过镜子就可以检查产品的正面，无须转动产品

产品背面

图 6-3

洋。这里的"一小截树枝"就相当于生产工作中的"工装夹具"，有了工装夹具，作业将变得容易。

每家企业可能都有自己的工装夹具妙用方式。好的工装夹具，已经具有防呆防错功能，如通过工装使产品只能朝正确的方向放置，想放错方向都不可能。

作业动作改善法还可借助重力，重力使物品具有从高处往低处下落、滑落的特征，借助重力或将重力当作动力，可方便人们的工作。

一家专营桶装纯净水的小店，每天要从车上搬下很多桶纯净水。日复一日的重复作业，使店主想出一个方法。他做了一个滑动槽，一端挂接在车厢上，一端放在店内，仅需将纯净水水桶放在滑动槽上，水桶会借助重力自动滑到店内，员工仅需在店内接住水桶，将之扶正即可，非常省力与便捷。

生产中，借助重力的典型例子见图6-4。

借助重力的典型例子（示意）

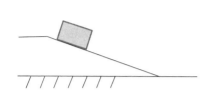

利用高度差，传送物品

a）

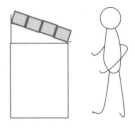

物料架上物料盒呈约30°倾角摆放，拿走靠前的物料盒后，后面的物料盒会自动滑下，方便拿取（不少超市货架的物品采用了类似的摆放方式）

b）

图　6-4

借助重力还有一种典型方式，物品筐底部装有弹簧与托板，当物品越放越多时，弹簧逐步被压缩，一方面确保物品都能放下，另一方面方便人员从最上面取放物品；当物品放置较少时，弹簧通过托板将物品托起，依然确保人员无须弯腰即能取到物品。

符合人的生理特征也是作业动作改善法的一个方法，注意事项有：①双手比单手作业更轻松（如果单手作业，一天下来，一只胳膊酸疼不已，另一只胳膊要使力却使不上）；②避免动作突变（如作业动作呈一弧度，作业过程中人员突然要向上或向下，这就叫动作突变），动作突变需要员工更多的注意力且容易出错；③双手对称反向动作比非对称或同向动作更符合人体的平衡性；④借助脚（当作业动作复杂时，可考虑用脚辅助操作，让脚承担复杂动作中的一两个动作，如用脚控制"启动"或"停止"按钮）。

关于作业动作改善法，共讲了四种常用方法，分别是降低动作等级（或幅度），运用工装夹具，借助重力以及使作业符合人的生理特征（见图 6-5）。在这四种方法的基础上，我梳理出一份"作业动作检查表"（见表 6-2），便于在现场查找作业动作改善的机会。

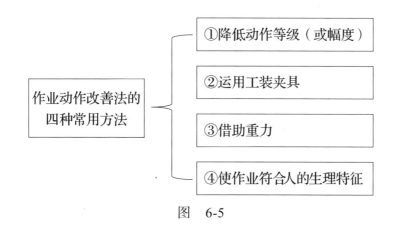

图 6-5

表 6-2

作业动作检查表			
序号	检查内容	改善方向或说明	检查结果
①	是否有高等级作业动作，如第四等级或第五等级	降低动作等级，尽量避免人员的弯腰、转身动作	
②	是否可以减小动作幅度	如将物料盒放低一些，使人员触手可及	
③	是否借助了工装夹具	如定位、定型、夹紧工装夹具，或应用转盘、镜子等	
④	是否借助了重力	利用重力传送物品、物料架设30°倾角等	

（续）

作业动作检查表			
序号	检查内容	改善方向或说明	检查结果
⑤	是否有单手作业的状况	改单手作业为双手作业	
⑥	作业动作是否有突变	消除突变性动作	
⑦	是否有双手非对称或同向作业	调整为双手对称反向作业	
⑧	可否借助脚进行作业	将少许动作分解给脚进行作业	
⑨	可否将两个工具或两次作业合并在一起	将两个工具合并为一个工具，作业时无须因为找工具而消耗时间，如原先点胶需要两边都点一次，现在借助夹具，一次点胶即可覆盖两边，使两次动作合并为一次	
⑩	是否需要在地面铺上垫子	主要适合员工站立式作业的场景，若在地面铺上垫子，可减少站立疲劳度	

从作业动作检查表可以看出，作业动作改善法暗含了一定的ECRS法。

事实上，作业动作改善法不仅可以用于制造业，也可以用于商业领域。例如，某营销企业的客户开发小组每天下班前会召开"当日作业动作"反思会，对当日的作业过程（如打电话、拜访客户、与客户交流等）进行细致的分解，查看哪些是无效动作，哪些是产生价值的动作，哪些应该予以优化，通过反思与改善，持续提升客户开发与维护的效率。

四、时间损失分析法

　　一位消费者投诉："营业厅有四名营业员，其中两名似乎不办理任何业务，他们围着排队的人晃来晃去，看上去在维持秩序，另一位营业员忙着跟顾客争论，只有一位营业员在办理业务。我们排队半小时，真正办理业务却只要三分钟。"

　　从这位消费者的投诉来看，3名营业员存在时间浪费或损失的现象，如果将时间集中在为消费者办理业务上，那么消费者排队的时间会大为缩短，也就无须维持秩序。

　　时间是效率至关重要的影响因素，如何提升时间价值？时间运用到哪里了？运用是否合理？这是我们在提升效率过程中必须思考的问题。

　　工作时间可分为计划非作业时间与计划作业时间。计划非作业时间用来做一些管理性事务，如开早会、开员工大会、开展改善等。某企业一天工作时间8小时，计划非作业时间为0.5小时，7.5小时为计划作业时间，然而事实上，计划作业时间的区间中存在诸多的时间损失或时间价值无法发挥的状况，如缺料、设备故障、存在生产瓶颈致使产能释放受限等。

　　作业过程中存在着典型的八大损失，分别是：①过多或不恰当的搬运；②质量问题导致的时间损失；③安全事件导致停产；④人员状况导致停产；⑤物料不到位导致停产；⑥生产瓶颈的制约；⑦生产切换造成的等待；⑧设备故障导致停产。表6-3为包含八大损失在内的"作业时间损失分析表"。

表　6-3

作业时间损失分析表			
总工作时间	计划非作业时间	开早会、开员工大会、开展改善、作业过程中的休息、全员大扫除、员工停产培训、安全演习等	
	计划作业时间	正式作业	伴随性作业：拿取、装夹、存放、拆卸等作业
			实值性作业：提供实际价值的作业，主要指铸造、注塑、加工、装配、焊接、打磨、贴片、高温烘烤、表面处理等能够逐步实现产品特性的作业
		时间损失	①过多或不恰当的搬运
			②质量问题导致的时间损失（质量问题导致停产，不合格品的产生也浪费了加工时间）
			③安全事件导致停产
			④人员状况（如员工请假或新员工技能不足导致人手不足）导致停产
			⑤物料不到位导致停产
			⑥生产瓶颈的制约
			⑦生产切换造成的等待
			⑧设备故障导致停产（包括设备性能劣化导致加工效率降低的状况）

作业过程中，如果能够减少或杜绝这些损失，让时间发挥出价值，那么效率自然会得到提升。接下来，我们针对这八大损失展开关于对策的讨论（质量问题、安全事件的对策在前面章节中已讲过）。

（1）过多或不恰当的搬运。消除过多或不恰当的搬运的方式有：①加装传送带；②用搬运机器人进行搬运；③缩短搬运物理距离；

④优化生产布局，以生产工序顺序布置生产作业，消除产品流动的交叉倒流现象。

（2）质量问题导致的时间损失。在上一章，我专门讲解了质量管控的事项。班组主要应做好四件事，即落实各项检验、管控不合格品、管控 4M1E 与提升员工质量意识，在此基础上开展一定的改善工作。

通常，质量系统决定了质量的总体水平。当质量在受控状态时，输出的零星不合格品并不会导致停产。在这个过程中，班组要重点做好变异点的管控，变异状况会导致质量"跳出"原本的受控状态。质量系统既能确保质量稳定性，又具有一定的预防性，从企业的角度来看，应遵守质量管控的五项基本原则，保持质量系统的高效性。

（3）安全事件导致停产。安全事件不仅会导致效率损失，还会给当事人造成巨大苦楚。"安全无小事。"班组长需要掌握墨菲定律、海因里希法则与危险预知法则三大法则，需要做好 5S 工作、开展班组安全教育等六项事务。其中相对系统、彻底的做法是运用危险源管控清单。

无论是日常作业还是开展改善工作，必须以"安全第一"为准则。

（4）人员状况导致停产。人员出现的状况有关键岗位人员离职或请假，新员工上线但技能不足，人员出现健康问题等，这些状况都可能导致人手不足，使生产受到影响或生产停滞。

防止这些状况发生的做法有培养多技能工（即一名员工会多个岗位的作业技能，必要时可顶岗），对新员工进行技能训练以及考核，做好食堂餐饮服务，提供良好的工作环境以及确保合适的工作时长，这样员工能以良好的状态开展工作。

（5）物料不到位导致停产。现在企业大多有物料信息管理系统，备料不足时，系统会自动预警，但也有信息未及时录入（物料已被使用，系统仍显示有库存）或者部门间未及时沟通导致缺料（如生产计划调整了，采购部门未收到信息，物料未及时采购）的状况。

班组长安排生产提前备料时，如遇潜在的物料短缺状况，应及时告知相关人员；如遇生产计划调整，应尽可能与相关方面核实物料状况。这是班组长能够做的举措。

物料不到位，还有可能是供应商的原因，如供应商提出涨价但未被答应而停供、供应商因环保问题被当地政府勒令停产等，这需要从企业的角度予以管控，相关的对策包括与供应商签订价格调整协议、确保有备选供应商以及对供应商的生产状况进行跟进等。

（6）生产瓶颈的制约。

生产大组长宋星星花了很大力气开展工序改善，每个工序都改得不错，但和同行相比，生产线效率还是偏低。

宋星星甚是不解。有一天他遇到资深效率专家李驰驰。李专家听了宋星星的描述，拿出一张纸，画了水在水管里流动的草图（见图6-6），然后问了宋星星一句："你有去识别生产瓶颈并消除瓶颈吗？"

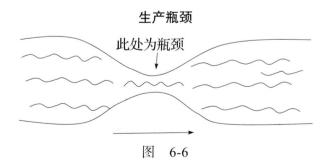

图　6-6

生产瓶颈指生产速度最慢的工序，它使前面的工序产生"阻塞"状况，后面的工序产生等待状况。生产线的总体效率受制于生产瓶颈工序。

消除生产瓶颈的做法有：①提升该工序设备效率（如改善设备性能、改善工装等）；②延长该工序作业时间（如不停机作业）；③将该工序部分作业转移至其他工序；④在该工序增加人手或设备；⑤提升该工序的产品合格率等。

当消除一处生产瓶颈时，另一工序又可能呈现生产瓶颈的特征，需要继续消除，直到生产线各工序按契合的速度生产，此时生产线的整体效率会发挥出来。

（7）生产切换造成的等待。

> 宋星星与效率专家李驰驰成了朋友。两人聊天时，宋星星讲起了生活中的一件烦恼事：他的老房子需要重新装修，因为各种原因，装修的时间只有一个月，而且按照城市规定，周末两天不能装修。这件看起来不可能完成的任务使宋星星颇为苦恼。
>
> 李专家微微一笑，对宋星星说："了解生产切换的优化吗？你遇到的这个问题完全可以借助这种方法解决！"

生产切换指从 A 产品转产至 B 产品，切换过程通常需要停产，如果停产时间短，对生产效率影响有限，如果停产时间长，会明显拉低生产效率。

切换过程的停产主要由更换模具或刀具引起，两者的改善思路一致，下面以更换模具为例展开讨论。

更换模具有相应的步骤或动作，这当中有两个关于时间的重要概念，一个叫内部时间，一个叫外部时间。如果更换的步骤或动作使机器停下来，相关时间就叫内部时间；如果更换的步骤或动作并没有使机器停下来，相关时间就叫外部时间。尽可能将内部时间（停机时间）转为外部时间（不停机时间），可以大幅减少时间损失。更换模具的改善分为五步骤（见图 6-7）。

更换模具的改善五步骤

步骤一	现状测量	观察更换模具的现状，必要时录像观察，详细记录每个步骤、动作耗费的时间
步骤二	内外分离	将现状中需要停机作业的步骤、动作（内部时间）与无须停机的步骤、动作（外部时间）分离
步骤三	由内转外	将需要停机作业的部分步骤、动作转换为无须停机的步骤、动作
步骤四	缩短内部时间	进一步优化内部时间，使之缩短
步骤五	缩短外部时间	进一步优化外部时间，使之缩短

图　6-7

步骤一，现状测量，对更换模具的步骤、动作与时间的现状有精准的掌握。

步骤二，内外分离，将现状中需要停机作业的步骤、动作（内部时间）与无须停机的步骤、动作分离，为后续改善做好准备。

步骤三，由内转外，将需要停机的部分步骤、动作转换为无须停机的步骤、动作，来源主要有两点。

一是原先未注意到某些步骤、动作产生了内部时间。比如，原先不管三七二十一，先把机器停下来，然后拉来新模具，找来工具，拆卸旧模具，等装好新模具，将旧模具拉走，清理现场，一切妥帖之后，开机试模具。这当中，"拉来新模具""找来工具""将旧模具拉走""清理现场"这些动作都无须停机。

二是通过预作业，将内部时间转换为外部时间。比如，本来模具装上后需要预热，现在预热好再装；本来模具装上后需要较多时间调试，现在预先基本调试好，装上后稍做调试即可。

步骤四，缩短内部时间，做法有单人作业改为双人配合作业（如一人紧固前面的螺丝，另一人紧固后面的螺丝），将螺丝紧固改为卡钩紧固，改良模具使得仅更换模具局部即可（如同更换计算机的主板）等。

步骤五，缩短外部时间，做法为设置工具套装，避免寻找工具，使用装载拖车使模具运载更为便捷等。

生产切换优化使停机时间变短，从而提升生产效率。

（8）设备故障导致停产。因设备因素导致效率降低的状况主要有两种：设备故障，设备性能劣化。所谓劣化，指设备老化产生的性能衰减。

这两种状况的解决之道主要有三种方法：及时更换设备易损件，日常点检与维护（紧固、加油、清扫、微缺陷恢复等），确保设备的良好工作条件（包括恰当的温度与湿度、稳定的电压以及防止野蛮操作等）。

巴尔扎克说，"时间是人所拥有的全部财富，因为任何财富都是时间与行动化合之后的成果"。对企业而言也是如此，如果能够提升时间利用价值，效率会有明显的提升。

本章主要讲解了质疑法、作业动作改善法、时间损失分析法这三种基础的效率提升方法，其他的效率提升方法大体上在这三种方法的基础上展开。

| 延伸阅读 |

"鱼香肉丝作业流程"解析

行业里流传着关于"鱼香肉丝作业流程"的说法。人们借该说法指明，企业效率低下，在于未实施"鱼香肉丝作业流程"。这个作业流程说来也简单，共分20道工序，第1个人切肉丝，第2个人切葱花……第19个人将火开到600℃，第20个人倒2勺酱油，每个环节由量到质，严谨一致。

这个流程到底行不行？行业里众说纷纭，疑问重重。下面，我就来解析一下"鱼香肉丝作业流程"。

"鱼香肉丝作业流程"的最大亮点在于切中了众多企业粗放式管理的要害。这些企业，要么没有流程，全靠企业管理者的"一言堂"，员工为此苦恼不已，不知道怎样才是正确的做法，做事"无依无靠，如风中之萍"；要么流程"粗而空泛"，要用用不上。"鱼香肉丝作业流程"仿佛为这种粗放式管理开出了一剂良方，一定程度上解决了相关问题。

人们做出切实喜爱"鱼香肉丝作业流程"的姿态之余，运用

5W1H 法，逐渐产生了一些疑问。用这么多人，人工成本得多高？后厨有这么大空间吗？有必要分工这么细吗？

"鱼香肉丝作业流程"乍听起来美妙无比，真正运用起来却未必可行，当中存在诸多值得改善之处。运用本章的效率提升三大基础方法，就可以捕捉到这些可能的改善之处。

（1）运用 ECRS 法对员工作业进行取消、合并、重组、简化的改善，如大幅度削减人员，切肉丝与切葱花可并行作业等。

（2）运用作业动作改善法使人员的作业更顺畅、便捷，如在作业台面上放置物料架，方便人员取放调味品。

（3）优化厨房布局，采用 U 形布局模式，人在 U 形区域内作业，一人可多工序作业，同时便于人与人的协同作业。

（4）培育多能工，尽可能避免因人的因素导致等待的状况。

（5）做好各项安全工作，如地面铺防滑垫、不放过"吓一跳"事件、开展设备操作的安全教育等。

（6）利用传送装置（如空中传送带、管道式传送带）加快内部周转，提升时间效率。

（7）原先的作业流程，如切肉丝、切葱花、倒 2 勺酱油，工序时间长短不一，处处是瓶颈，处处受制约。经历上述 6 点改善之后，作业工序必然存在瓶颈，消除瓶颈则可以进一步提升作业的整体效率。

"鱼香肉丝作业流程"的精细化有一定可取之处，然而必须经过上述七点改善才有可能真正体现出"鱼香肉丝作业流程"的价值。

07

沟通激励技能

沟通如水，浸润干涸的裂纹，滋润人们的心田。沟通如春风，给人温暖的感受，使团队氛围更加浓郁。

一位企业高管分享他多年的管理心得时表示，企业的一切问题都与沟通有关。

一、工作沟通两大目标

沟通指人与人之间的信息与情感交流。班组长需要将重大的、紧急的、上司关心的、与时间节点紧密相关的信息及时向上司汇报。同样，班组长需要将工作要求、作业中的要点明白无误地传递给员工。

在有效传递信息的基础上，班组长的沟通工作追求两大目标，即促进解决问题与塑造温暖有爱的团队氛围，这也是班组长开展沟通应体现的两大主要价值。

1. 促进解决问题

通过沟通提升工作关系，不仅能够预防因工作关系紧张导致的问题，而且能显著提升工作效率。

工业界有一个著名的霍桑实验，实验在名为霍桑的工厂进行。在当时的时代背景下，管理强调命令、控制及惩罚。实验人员本意研究场所照明对作业效率的影响，然而实验人员发现一个奇怪现象，在可见范围内，无论提升照明度还是降低照明度，作业效率都有所提升，这使实验人员感到茫然。后来，哈佛大学的几名心理学教授接管了实验工作，继续开展研究，这才发现了"惊天秘密"：良好的工作关系对作业效率有明显的促进作用。

原先，员工在一种简单粗暴的管理方式下工作。实验启动后，实验人员总是温和地与员工沟通，了解并尊重他们的想法。开展员工访谈时，员工可以畅所欲言地表达想法或不满，实验人员无形之中重塑了工作关系。这种相互信赖、相互支持的工作关系，消除了人与人之间的戒备与隔阂，同时显著提升了作业效率。

良好的沟通有助于解决问题。问题出现后，通过沟通可以促进问题的有效解决以及经验的分享，具体表现在：沟通能够将问题描述清楚，倘若问题描述不清，容易将解决问题的过程引入歧途；联络他人寻求解决问题的线索与建议；将不同部门的人员组织起来，促进跨部门协作以解决问题；问题解决后，将防范事项知会他人；将解决问题的经验、教训分享给他人。

2. 塑造温暖有爱的团队氛围

如果感受到团队的温暖有爱，人们就会有归属感，本来枯燥乏味的工作也会因此平添几分乐趣。反之，人们可能更多地感受到压抑、无奈，想要逃离这样的工作场所。

一位女员工因为孩子生病，向她的上司请求当天不加班，回去照看孩子。这位上司冷冰冰地说："你孩子病了，关公司什么事，关项目什么事？项目时间这么紧，完不成你掏钱给大家发奖金吗？该干吗干吗，这是工作。"这位女员工听到这样的话语，面对这样一位"没有一点点人情味"的上司，一气之下，直接将工作辞掉了。

如果一个人在团队中感受不到温暖有爱，那么他对这样的团队就不会有一丝留恋之情。

彻底转变这一状况的关键在于"尊重人性",具体有四点:尊重个人尊严;以同理心对待他人;不逼员工做超出常理或生理极限的事务;适度考虑个人的家庭背景等具体情况。

管理者应该体现出对下属的人文关怀,并倡导团队成员之间相互关爱,最终塑造出一种温暖有爱的氛围,而这一切都离不开日常的沟通。

只有沟通工作做好了,班组的执行力提升才能够"水到渠成"。

二、沟通的三个基本理论

1. 非暴力沟通

非暴力沟通由马歇尔·卢森堡博士提出,提倡带着足够的善意与他人沟通。于过程中仔细观察发生的状况,表达自己的感受,明确自己的需求,进而向对方提出自己的期望,这就是非暴力沟通的四个步骤。可借助这四个步骤去倾听、了解他人,即体会对方的观察、感受、需求与期望,从而回应或满足对方的期望。

非暴力沟通中的"暴力"二字主要指沟通中的冷暴力行为,如"威胁""挑刺""冷漠""诘难""辱骂"等,当人们遭遇冷暴力式沟通时,会感到不安、愤怒,进而申辩、退缩或直接反击。

非暴力沟通通常可以避免日常沟通中的三个问题。

(1)未梳理或明确双方的需求,因此造成误会。

(2)对方感受不到尊重或善意而变得有对抗性。

(3)不了解对方不良反应的来源,使得沟通无法开展。

非暴力沟通的善意主要体现在两个方面：一，对对方的尊重与理解，如当对方在情绪化的状态时，去了解对方因为什么而有如此反应，能否满足对方合理的期望；二，当提出自己的期望时，并不带有命令色彩，而是充分尊重对方的意愿。

班组长了解非暴力沟通方式，有助于调和日常沟通中的"生硬"表现，在沟通中诚实表达自我并体察他人，借助它化解工作中的误解或矛盾。

非暴力沟通是一种柔性化的沟通方式。非暴力沟通包含一般沟通方法的基础性与通用性理念，如真诚、尊重、体察对方、同理心等。了解非暴力沟通，有助于我们掌握其他的沟通方法。

2. 3V 法则

3V 法则由梅拉宾教授于 1971 年提出，3V 分别指语言内容（Verbal）、语气语调（Vocal）、视觉（Visual）。3V 法则的具体描述为，在人与人面对面的日常沟通中，语言内容的影响力仅占 7%，语气语调的影响力占 38%，而视觉看到的（主要指肢体语言）影响力高达 55%。

语气语调的呈现主要有温柔、慢声细语、快声快语、抑扬顿挫、粗声粗气、大声咆哮、生硬冰冷等不同的形式。

肢体语言则包括面部表情、眼神、手的动作或姿态、躯干的动作或姿态等。

3V 法则告知我们，日常沟通中肢体语言与语气语调的影响力远大于语言内容，所以与人沟通时，在语言内容之外，需要运用恰当的肢体语言与语气语调。

比如，与上司沟通时，跷二郎腿可能被认为不恭敬，如果将脚放在桌子上，通常被认为是一种冒犯。

又如，下属找班组长反馈情况时，班组长虽然说出了"你讲"，但语气语调生硬，给人不耐烦的感受，会打击下属反馈情况的积极性。

非暴力沟通强调沟通需要真诚与尊重，这一点未必能在语言内容上反映，语气语调以及肢体语言却能给人真切的感受。人和人之间的争吵，常常不是由于语言内容，而是听到的语气语调刺耳或觉得被对方的肢体语言冒犯，进而发生争执。

与他人沟通时，留意对方的语气语调以及肢体语言，有助于我们了解对方的真实想法。

3. 7C 法则

如果要全面有效地传递信息，7C 法则可能是非常好的工具。

7C 法则由美国公共关系专家卡特里普与森特提出，最初旨在表明书面沟通的要点，现已拓展运用至工作沟通及日常沟通，旨在提升沟通有效性，传递有价值的信息，促进换位思考以达成共识。我认为，7C 法则的 7 个 C 可以解读为正确、完整、言之有物、清晰、礼貌、简明、体贴（见表 7-1）。

表　7-1

7C 法则		
7C	含义	要点
Correct	正确	传递正确的信息，否则会造成误导或歧义
Complete	完整	确保信息的完整度，避免残缺的信息传递
Concrete	言之有物	给出判定或评论时需要有确切的依据

（续）

7C 法则		
7C	含义	要点
Clarity	清晰	吐字清晰，用词精准恰当，清晰表达意图
Courtesy	礼貌	注意基本的社交礼节
Concise	简明	简明扼要，重点突出
Considerate	体贴	顾及对方的感受，站在对方的角度阐述

我们来举一些事例说明 7C 法则的应用。

（1）正确（Correct）。医生给患者开药时，将一次服用 1 袋误写成一次服用 10 袋，幸好患者觉得有问题，询问后及时纠正了这一错误。同样的道理，班组长传递信息，务必确保信息的正确性，否则极有可能造成误导，酿成错误。在 7C 法则中，传递正确的信息为首要要求。

（2）完整（Complete）。某上司对下属讲："下周完成这份报告。"到了下周二，上司就急匆匆地要报告，还责备下属未及时完成。这当中的问题主要在于上司下达指令时未表述完整，未明确提出需要下周二完成的要求。

（3）言之有物（Concrete）。我们表扬或批评某一个人时，需要有事实依据，这就叫"言之有物"，否则难以让他人信服。当班组长对下属说"你这段时间表现不好，需要及时纠正"时，下属可能一头雾水，不知道班组长在说什么，甚至会认为班组长有意刁难自己。

借助非暴力沟通的理论，如果说出自己的观察，则他人更容易接受，如"小王，你这周迟到了三次，这非常不好，需要及时纠正"。

（4）清晰（Clarity）。下属问上司，"这几页文件需不需要用回形针别起来?"上司回了一个字,"别"。对于上司的这个"别"字,有两种完全不同的理解,一种是"是的,用别针别起来",另一种则是"不要"的意思。这就是因用词不当令人产生困惑的例子。

此外,一件事从不同的角度阐述可能会产生不同的引导意味。如某班组在企业 5S 大比武中获得第三名,班组长可以说"哎,怎么还没有得到第一",也可以说"真棒,我们比上次进步了一名"。两种说法,后者更为积极,显示出鼓舞的力量。

(5)礼貌(Courtesy)。礼貌指注意基本的社交礼节,主要包括保持恰当的社交距离,如与不熟的人不要靠得太近;干净整洁的发式与着装;与人交流时眼睛注视着对方;不时点头表示在倾听与认可等。

(6)简明(Concise)。我们对一件复杂事务有深刻的理解时,就能够用相对简明的语言阐述清楚,便于他人理解。很多地方存在"简明=易懂=被采纳"的规则,比如给客户提交一份文案,文案简单易懂,被客户采纳的概率就更高。

(7)体贴(Considerate)。体贴主要指顾及对方的感受,站在对方的角度阐述。

火车站墙上贴了一张身高尺图,孩子超过一定身高就需要买全价火车票,但这一规定经常引发纠纷。于是,火车站站长在这张身高尺图旁边贴上了一句话:"恭喜,您孩子又长高了!"从此,纠纷少了很多。这就是站在对方的角度获得对方认可的一个事例。

人难免会遇到挫折与不顺心的事,班组长遇到下属有这样的状况时,应给予体贴的关怀或中肯的建议。

三、沟通的四大注意事项

掌握了上述关于沟通的基本知识与基本理念后，我们来了解沟通的四大注意事项，能够更有效地提升我们的沟通水准，体现出沟通的价值。

1. 控制好自己的情绪

当我们情绪化时，就意味着输了沟通，"不在生气时说理"说的就是这个道理。

> 王阳明是我国明代的一位大思想家。一次，一名弟子找到他，为一件事愤愤不平，想请王阳明给他评理。王阳明对弟子说："等你心平气和的时候，我来给你评理。"过了一段时间，弟子过来说已心平气和，请王阳明评理。王阳明回复："既然已心平气和，那么干吗还非要评理呢？"

人在情绪化的状态时只想证明对方的错误，不再是为了解决问题或者其他本来想达成的目的。当沟通双方都被情绪主宰时，很可能话越说越重，陈年旧账都被翻了出来，最终给双方关系造成难以弥合的裂痕。当人心情平复时，平和地看待发生的事情，往往会发现本来就没多大的事，不应该情绪化地"兴师问罪""大动干戈"。正如王阳明所指出的，当一个人心平气和的时候，就不会非要争论是非。

> 心理学上有一个"踢猫效应"：主管人员将脾气发在下属身上，下属带着坏情绪回到家，跟孩子说话时有些情绪不

佳，孩子感应到了这种情绪，内心也不畅快，无处发泄，对着走过来的猫踢了一脚。

踢猫效应说明，管理者的不良情绪很可能不自觉地蔓延到下属身上，这一点需要班组长的注意——跟员工沟通时，尽量不要表露不良情绪。

那么，我们如何控制好自己的情绪呢？有四点建议：①遵守 6 秒法则，当有情绪爆发倾向时，先忍住 6 秒，6 秒通常可以使一个人冷静下来；②要对他人发脾气时，先自问"我了解清楚事实了吗？"，进而将精力先放在了解事实上；③追寻事理的所在，以理服人，当我们追求事物内在的道理时，就不容易被情绪左右；④拥有良好的心态，心态好的人不会过于敏感。

2. 体现真诚与尊重

真诚指带着一定的善意，并表现在一定的姿态上，如通过倾听来了解他人的想法、顾及他人的感受、坦诚自己的观点等。尊重可视作真诚的内涵之一，尊重的反义词是傲慢、轻视、无礼。

检验员芳芳回老家时，被家人安排过一次相亲，但那并不是一次愉快的经历。

相亲对象姗姗来迟，落座后，自顾自地拿起菜单点菜，点的都是麻辣口味的菜品。芳芳微微皱眉，那段时间芳芳正忌口麻辣。

点好菜后，相亲对象口若悬河，讲起自己的创业经历，从头到尾都在说今天的成就得来不易。中途叫过一次芳芳，让她吃菜，然而还叫错了名字。

芳芳插不上话，直到相亲结束。除了对方的艰辛创业史，芳芳对这位相亲对象的其他情况一无所知。回家路上，芳芳想，这样的经历真是太糟糕了，如果跟这样的人在一起生活简直太可怕了。

真诚与尊重是沟通的基本要素。缺乏真诚与尊重，再好的技巧也难以在沟通中发挥作用。

3. 抓住事理，阐述清楚

每件事情都有一个大多数人认可的道理或者可以依循的规则，找出这样的道理、规则与对方进行沟通，容易促进对方转变行为或彼此达成共识。

解缙是明朝的一位大才子。一次，皇帝让他为一幅虎图题诗，图中一只老虎回头看着一群小老虎。解缙作诗曰："虎为百兽尊，谁敢触其怒。惟有父子情，一步一回顾。"这首诗打动了皇帝，随即让人将流放在外地的太子接回了京城。

三国时期，孙权重用过四位将领，分别是周瑜、鲁肃、吕蒙与陆逊。任用吕蒙为都督时，发生过一个插曲。

孙权任用吕蒙的同时，任命堂弟孙皎为副都督。吕蒙向孙权进言："主公若任命我为统帅就单独任命我，若任命孙皎就单独任命孙皎。当初，周瑜为都督，程普为副都督，这样的安排差点误了大事。"

周瑜初任都督时，程普作为三朝元老对被任命为副手很不服气，重大事务的推进差点出了问题。因为有前车之鉴，吕蒙担心孙权堂弟担任副都督会出现类似的状况。

孙权一听吕蒙讲得在理，立马调整了任命，任命吕蒙为都督，让孙皎仅负责后勤事务。这样的任命确保了吕蒙的独立指挥权。吕蒙其后果然不负众望，屡立战功。

吕蒙讲出了事理，因而进言很快被孙权采纳。关于孙权与吕蒙，还有一个名为"孙权劝学"的典故。孙权劝吕蒙多读书，吕蒙以军中事务多推辞。孙权劝道："没让你做一个研究学问的人，而是通过读书增长见识，这对你管好军中事务有帮助。你说你忙，难道比我还忙吗？我自己经常读书，从中受益匪浅。"孙权抓住了事理进行阐述，吕蒙就听进去了，认真读起书来，管理才能很快有了明显进步。我们经常听到的"士别三日当刮目相待"即源于此典故。

我曾在网上看到员工这样的留言："今年9月，我被安排到一个谁都不愿去的工位。开始班组长安排别人，别人就说了句'不想去'，她就不安排了。我因为没那么讨人喜欢，被强行安排到这个工位。"

或许班组长这么安排有她的道理，如果能够把道理讲清楚，员工内心就不会抱怨，反而可能会被激励，因为员工认为班组长将一件具有挑战性的事交给自己是出于对自己能力的认可。

当我们抓住事理并阐述清楚时，就能够获得更多的理解。所谓事理，一般具有如下含义：①大多数人都认可的道理；②体现大局观的做法；③不这么做就无法做成事情的道理；④帮助个人成长的做法；
⑤得到广泛认可的制度或规则。

4. 建立长期信赖关系

人和人的长期交流交往，会建立相对稳固的关系，其中一种关系
为信赖关系，这种关系会形成某种默契，大幅度降低沟通成本，易于
达成工作沟通的两大目标。

> 某员工遇到不顺心的事，中午在食堂吃饭时默默地坐在
> 角落，他所信赖的班组长端着饭盆走过去陪他，什么话都不
> 用说，就传递出了关心与温暖。不具有信赖关系的班组长如
> 果也这样做，可能会让这名员工感到不自在。
>
> 宋星星的班组经过几年的磨合，已经建立起彼此相互信
> 赖的关系，团队氛围轻松活泼，同时，大家各司其职、认真
> 负责。他们班组有一个不成文的传统，叫作"教会徒弟，成
> 就师父"。每当有新员工加入时，师父们总能耐心地进行工
> 作教导。因为彼此信赖，宋星星的这个班组，三年来仅有一
> 人离职。

班组长与班组成员建立长期信赖关系有三个关键点：①经历过磨
合（经历过磨合的关系更为稳固）；②班组长具有良好的人品，如正
直善良、以身作则、公平公正，在此基础上展现出一定的能力；③班
组长有包容的价值观，即能包容他人不同的观点。

沟通不在于雄辩，不在于逞口舌之快。一个人因为长期交往与良
好的人品与他人建立了信赖关系，在这种情况下，他的话对于他人而

言是具有说服力的。班组长与成员的沟通，最终需要建立一种长期信赖关系。

"控制好自己的情绪"是沟通的前提，"体现真诚与尊重"是沟通的基础，"抓住事理，阐述清楚"是达成共识的关键，"建立长期信赖关系"则可视作沟通的至高境界。

四、班组长激励的五种方法

没有良好的沟通，难有有效的激励，激励是在良好沟通这一基础上的一种行为。

激励指通过一定的方式激发出人的积极性与干劲。激励分为物质激励与精神激励，班组长应更多运用精神激励的方法，具体地说，从小处对员工进行激励。班组长激励有如下一些小技巧。

1. 善用表扬

马克·吐温说，"别人表扬我后，我能靠这种好心情愉快地生活两个月"。班组长用表扬这种手段激励团队有三个注意点。

（1）带着善意，发现亮点。

> 沙弥拿给师父一个苹果，说："师父，师父，捡到一个苹果，一半已经坏了。"师父将苹果转过半面，说："我们还有半个好苹果。"
>
> 药山禅师带着众弟子在山顶散步，看到两棵树，一枯一荣。禅师问弟子："你们觉得哪棵树好看？"一弟子上前说：

"茂盛的那棵好看。"禅师微微点头。又有一个弟子上前说:"枯萎的好看。"禅师又微微点头。身边的侍者不解,问:"师父,他们两个人说法不一样,你为什么都点头呢?"禅师反问道:"你说呢?"侍者若有所悟地回答:"茂盛的那棵固然生机勃勃,枯萎的那棵也不失古意盎然。"

带着善意,会发现身边更多的美。带着善意看待别人,会发现他人身上更多的亮点,常会露出下意识的微笑,给人亲近感。因为带着善意,表扬他人更显得真情实意,而真情实意最能够打动人。

(2)表扬要及时。因为及时,表扬能与具体行为联系起来,这样表扬的内容不空洞,言之有物,激励的效果更好。

IBM创始人沃森喜欢及时表扬下属。一次,一位年轻人走进沃森的办公室,分享一项取得的成绩。沃森立即着手找物品奖励,找了半天没找着什么,只有一支新鲜的香蕉,于是就用这支香蕉奖励了年轻人,年轻人依旧开心不已。从那时起,香蕉在IBM成了成绩的象征。

班组长对下属的表扬多因为小事,若不及时表扬,可能当事人已忘了事情。这就体现了及时表扬的必要性。

(3)让当事人有成就感。表扬的具体形式应让当事人有成就感。

某乡村小学给优秀学生发了两斤肉,学生拎着两斤肉,心里想着"今天晚上的晚饭,是我凭成绩挣来的",那高兴劲就甭提了,放学路上自然走出了"嚣张"的步伐。

班组长让员工有成就感的做法有，在可视化看板上展示员工的优秀事迹，在恰当的场合下让优秀员工分享心得，颁发奖章或奖状等。此外，将外界对企业以及班组的赞誉及时告知员工，同样可以让员工获得成就感。

2. 恰当地批评

批评能够让员工意识到错了，及时调整自我的行为，进而积极、充满干劲地工作。批评具有一定的反向激励作用。

批评要注意三点：①批评一定要依据事实；②批评不能过于频繁，否则会有明显的负面作用，打击团队士气（通常认为，表扬与批评的比例掌握在6：1的比例时，既能激励员工，也能保持团队的务实性）；③注意批评的方式方法。未逾越底线的问题，管理者可用三步法进行批评：一，对员工的工作及付出的努力予以肯定；二，针对事实开展批评，让员工意识到错误，并愿意改正自己的行为；三，予以必要的勉励。此三点也被称为三明治批评法。

3. 让员工有所成长

俗话说："技多不压身。"当员工能够从班组长身上学到知识以及有用的技能时，他们就会表现积极、充满干劲。

宋星星的班组三年来只有一位员工离职。这位员工离职后，回到老家开了一家餐馆，他的餐馆墙上贴着两句标语，一句是"三现主义：现场、现物、现实"，另一句是"没有一流的后厨，就没有一流的餐馆"。他每天跟员工开早会强调菜品的品质以及客户的体验感，利用学到的5S知识使餐馆保持一尘不染的状态，还就如何减少客户的等待时间开展效率提升的改善。别人问他生意红火的秘诀时，他笑了笑说："这还得感谢我以前的班组长宋星星，从他身上，我学到了很多。"

班组长掌握的知识、技能与经验，以适当的方式传递给员工，员工会受到激励而干劲十足。让员工学到知识并有所成长，对员工而言，这是工作中的隐性福利。

4. 给员工参与的机会

如果班组所有的事情，员工只能被动地执行而没有参与权，那么他们的积极性就会被削弱。

因此，班组长需要给员工适度参与的机会，如：①让员工参与主持早会；②让员工讨论现场检查表的适用性；③让员工担任现场检查员；④让员工编制可视化看板的内容，或者将员工手绘的看板张贴出来；⑤让员工选举班组优秀员工等。

5. 善用寒暄

寒暄是打招呼的意思，寒暄可以拉近人与人的关系。寒暄虽然非常简单，但所能起到的作用却不可小觑。

某企业有这么一条规定：寒暄优于一切工作。

原先，这家企业人与人之间的关系冷漠，大家见面也不寒暄，久而久之，团队协作越来越差，员工离职率居高不下，甚至有员工在网上留言："没有温情的企业。"新加入的员工受此影响，本来很热情的人不久也会变得有些冷漠。

负责人后来意识到是自己出了问题，总僵着脸，从不跟员工寒暄。于是，他决意从自己做起，每天早早来到企业，主动跟所有人打招呼，"早，你来得真早呀""早，气色不错""早，祝你们班组取得优异成绩"。后来，人与人之间纷纷寒暄起来，企业的面貌发生了很大的转变。自此，该企业有了关于寒暄的这条规定。

在"开早会技能"一章中，我将"寒暄问候"列为早会可讲的八项内容的第一项，就是为了凸显寒暄问候的独特价值。

寒暄的基本用语有"早""谢谢""拜托""先告辞了""您多费心"等。寒暄的肢体语言可以是微笑、招手。

班组长应善用寒暄这个简单的方法来激励员工，让员工感受来自班组长的热情，特别是一早的问候，能使员工以饱满的状态投入工作中。

班组长激励员工的五种方法，"善用表扬"促进形成积极型班组，"恰当地批评"促进形成务实型班组，"让员工有所成长"促进形成学习型班组，"给员工参与的机会"促进形成民主型班组，"善用寒暄"促进形成温暖型班组。

| 延伸阅读 |
管理者就是要做好三件事

本部分内容是对本书内容的简略小结，同时适度"升华"。

"治大国如烹小鲜。"管理者无论职权大小、下属多少，说白了，就是要做好三件事——"管好人""做对事""常改善"。

1. 管好人

管理就是通过管好自己去影响他人。管理者既要身体力行，又要发挥出团队的价值。班组长作为基层管理者需要参与到具体工作中去，在日常工作中扮演好执行者、信息传递者、督导者、教导者与激励者这五大角色。

班组长做好"管好人"这件事的具体行为有：

（1）做好模范带头作用。

（2）适度矫正与引导班组成员的行为。

（3）运用好"管人的六个基本技巧"。

（4）树立必要的威望。

（5）塑造温暖有爱的团队氛围。

（6）沟通与激励。

松下幸之助说"造物先造人"，管好了人，才能真正将工作做好，做出亮点。

2. 做对事

无论是个人还是团队，时间精力总是有限的。所谓做对事，指将有限的时间精力放在恰当的事务上，有所聚焦，这样容易提升工作的质量与成效。

管理者做对事主要有三个方面，一抓基础，二抓重点，三抓关键。

抓基础：基础性工作主要包括5S与安全管理、人员的培训与技能提升、机制化的推进等。抓好基础，意味着做好日常性工作具备了基本的条件，同时，可以消除日常诸多鸡毛蒜皮的问题。

抓重点： 在基础性工作的基础上进一步梳理出重点事务（如开早会，早会开得好会形成叠加效应；首样检验，具有预防性；现场质量管控，不仅关系质量成本，还直接关联客户体验感）。通常，这些事务做是做了，但做得不到位，效应也就难以发挥出来。

抓关键： 梳理出推进事务的关键规则或底层逻辑、关键手法。比如，班组 5S 十条铁律、质量的四条基本理念、班组质量管控的四大戒律、安全的三个基本理念等就属于关键规则或底层逻辑。关键手法指关键要做些什么来达成目的，如早会可讲的八项内容、班组 5S 应做的八件事、班组安全管理六件事、班组质量管控四件事等。

做对了事，将对的事做到极致，那么，下一步的美好会自然呈现出来。

3. 常改善

改善是工作的一部分。"善在心中，如香在树中"，树香清淡，却绵延不绝，改善也如此，绝不能轰轰烈烈干上一阵就不干了，这样的改善没有效果。

班组的改善需要注意以下事项：

（1）从小处着手，遵循 0.6 秒法则。

（2）寻找主动性问题，运用 PDCA 解决问题的八大步骤开展专题性改善。

（3）运用 PDCA 推进阶段性的提升。

（4）开展专门的效率提升活动，主要运用质疑法、作业动作改善法与时间损失分析法这三种方法。

人人都有改善能力，事事都有改善空间。班组日常改善需要注重发挥众人智慧，从小改善做起，小改善积累得多了自然而然会形成大的转变。

宋代理学家朱熹说"治之已精，而益求其精也"，即看起来做得很好了，但还应该追求做得更好。改善，就是精益求精的过程。

无论是基层管理者还是中高层管理者，所做的管理工作归纳起来无外乎就是这三件事。本书所阐述的七项技能，就是为了促进班组长作为基层管理者做好这三件事。

附录一

现场 5S 管理与班组质量口诀

5S 口诀

一个核心

塑造干净整洁、安全高效的作业环境！

两个目标

打造企业改善的摇篮

提升全体人员的素养

三个一定

一定要有标准

一定要去稽核

一定要有展示

四化过程

第一步，形式化，通过整理、整顿、清扫，使现场整洁有序

第二步，规范化，订立细致标准让员工遵守，如清扫应达到怎样的标准

第三步，习惯化，通过长期推行及氛围熏陶，使员工形成一定的素养及习惯

第四步，活性化，发挥员工创意，展现团队成绩，让员工觉得 5S 其实挺好，塑造团队氛围，有温馨的一面，让员工成为 5S 的主推力量

五去浪费

①整理主要消除空间浪费

②整顿主要消除时间浪费

③清扫主要消除设备劣化的浪费

④清洁主要消除无序的浪费

⑤素养主要消除人力效能的浪费

六项自查

①员工是否接受了相应的 5S 培训

②现场区域责任是否划分到位

③是否有明确的各个 S 的标准

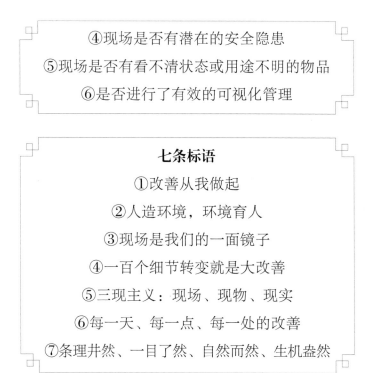

④现场是否有潜在的安全隐患

⑤现场是否有看不清状态或用途不明的物品

⑥是否进行了有效的可视化管理

七条标语

①改善从我做起

②人造环境，环境育人

③现场是我们的一面镜子

④一百个细节转变就是大改善

⑤三现主义：现场、现物、现实

⑥每一天、每一点、每一处的改善

⑦条理井然、一目了然、自然而然、生机盎然

班组质量口诀

班组质量口诀在"质量管控技能"一章所讲内容的基础上进行了适度拓展，拓展内容包括"五个及时"与"质量七项防范"。

三不政策

不接收不合格品

不制造不合格品

不传递不合格品

注：不制造不合格品，是指员工按作业指导书、工艺规范作业，不因为个人因素而生产出不合格品。

四大戒律

戒不按标准

戒不传信息

戒隐瞒不报

戒数据造假

注：四大戒律是班组质量管控应该遵守的"清规戒律"。

五个及时

及时反馈来料质量问题

及时推动解决产线问题

及时督促填写各类报表

及时传递客户抱怨及变更信息

及时对员工进行工作教导

注：班组及时开展这五项工作，可为质量管控保驾护航。

检验六步开展

一读，读标准，读懂检验标准，在此基础上开展检验

二看，看外观，查看产品外观是否符合要求

三量，量尺寸，依据图纸或标准测量产品尺寸

四测，测性能，测试产品的性能

五标，做标识，做好检验后的产品标识

六析，做分析，对检验数据进行一定的分析

注：产品的完整检验通常可按上述六个步骤展开。

质量七项防范

防范工作教导无方

防范规范缺乏实操

防范检验流于形式

防范不合格品误用

防范人员散兵游勇

防范变异不加管控

防范造成部门对立

注：工作教导应遵循工作教导四步骤法与丰田教育八原则展开；防范人员散兵游勇，是指防范人员离职率高；防范造成部门对立，从而影响工作（典型的状况是把质量职责都推给质量部门，进而造成部门之间的对立）。

附录二

班组长一日工作清单

表 A-1 所示清单仅作示例，因为实际工作中很多事务具有机动性。此清单包含了班组"每日七件事"。

表 A-1

班组长一日工作清单	
时间	**工作开展**
7:50	到达工厂，进入车间
7:51 ～ 8:00	**班前准备：** ①交接班：接班 ②核实当日生产计划 ③检查现场 4M1E 状况 ④与进厂员工寒暄
8:01 ～ 8:05	**开早会：** ①士气鼓舞 ②工作任务布置 ③传递相关信息 ④强化某些要求
8:06 ～ 10:00	**首样检验：** 按既定程序安排首样检验

（续）

班组长一日工作清单	
时间	工作开展
8:06 ～ 10:00	**新员工安排：** 新员工工作教导 **生产巡线（4M1E 角度）：** ①人员状态确认 ②设备状况确认 ③物料供应状况确认 ④工艺及作业状态确认
10:01 ～ 10:10	工间休息
10:11 ～ 11:30	**5S 要务跟踪：** ①工作台只放必需品 ②物品存放及标识 ③杜绝超高摆放 ④督促产品及时周转 ⑤画线、看板等的维护 **督促解决问题：** ①自行解决一部分问题 ②通过联络相关人员、向上司汇报等督促问题快速解决 ③以挑战性问题为课题，进行攻克
11:31 ～ 12:00	午餐时间
12:01 ～ 14:00	**早会任务确认：** ①生产进度确认 ②生产品质确认 ③安排员工事务确认

（续）

班组长一日工作清单	
时间	工作开展
12:01～14:00	督促报表填写： ①各类报表填写 ②报表数据录入工作检查 ③部分报表数据及时提交
14:01～14:10	工间休息
14:11～16:30	生产巡线： ①4M1E 状态确认 ②人员交流访谈 ③现场观察 ④协调解决问题 其他未尽事宜跟进： ①所有报表填写及提交 ②回复上司安排事项 交接班（下班前事务）： ①当日工作完成状况确认 ②交接班十交、十不接 ③若无下一班生产，应关闭水电气开关 ④保持 5S 良好状态

该清单假定 8:00 上班，班组长提前 10 分钟到达工厂，16:30 下班。实际运用中，可对该清单做一定调整，以更贴合企业状况。

附录三

知识点汇总

将本书的知识点汇总于表 A-2，便于进行知识点的回顾、复习与知识巩固。

表　A-2

序号	章号	知识点	说明	对应小节
1	第一章	没有一流的现场，就没有一流的企业	关于现场的基本理念；阐明现场的重要性	一、企业的三点期望
2		三现主义：现场、现物、现实		
3		3 个 70%：70% 的人工作在现场，70% 的问题发生在现场，70% 的成本使用在现场		
4		工作包含两个部分，日常作业与改善，日常作业占比一般为 85%～95%，改善占比一般为 5%～15%	工作应以作业为主，但改善绝不可少	二、班组长的四个意识
5		0.6 秒法则：凡是可以节约 0.6 秒作业时间的改善都值得高度重视	从小处着手，开展小改善	

（续）

序号	章号	知识点	说明	对应小节
6	第一章	工作教导四步骤：准备工作、传授工作、试做工作、上线作业	需要按照一定的章法开展工作教导	三、班组长的五大角色
7		建立工作关系的四个要点：①明确告知工作要求；②秉持公平、公正的原则；③理解每个人都有独特个性；④设身处地为他人考虑	建立恰当的工作关系，才能更好地开展管理工作	四、管人的六个基本技巧
8		时间四象限原则。按照"重要性"与"紧急性"将事务分为四个象限	做好"重要不紧急"事务，常常是练内功的时机	一、班组长的时间管理
9	第二章	生产巡线发现问题的3个方法：①清单法；②静观法；③摄影法	巡线过程中可加以运用	
10		问题的3种分类方式：①按时间点分，萌芽阶段的问题、刚显现阶段的问题、大肆发作阶段的问题；②按问题层级分，被动性问题、主动性问题；③按问题大小分，小问题、大问题	从不同视角认知问题，并明确基本处置方式	二、班组"每日七件事"
11		解决问题的六点注意事项：①将问题分类；②将问题描述清楚；③找到问题的真因；④借助团队的力量；⑤不违背规则；⑥做好基础性工作	提升解决问题的有效性	
12		PDCA 是 Plan、Do、Check、Act 4 个英文单词首字母的缩写，是一种常用的工作推进方法	目标导向的工作推进方法	三、用 PDCA 推进工作

（续）

序号	章号	知识点	说明	对应小节
13	第二章	班组运用PDCA的3种场景：①每日工作目标的达成；②阶段性工作的推进；③挑战性问题的解决（在挑战性问题的解决中，可将PDCA扩展为八大步骤：①认识问题；②把握现状；③设定目标；④确定真因；⑤拟定对策；⑥实施对策；⑦确认效果；⑧横向展开）	在这3种场景中运用好PDCA	三、用PDCA推进工作
14	第三章	作业关键点指关乎安全、关乎作业成败、更容易的作业方法	早会质量强调的主要内容之一	二、如何开好班组早会
15		早会的"人地时"管理：明确应参会人员，规定好早会地点以及早会时间	早会的注意事项之一	
16	第四章	整顿中的三定管理，定点、定容、定量；清扫中的三扫，扫黑、扫漏、扫怪；素养中的三守，守时间、守纪律、守标准	5S的3个基本知识点	一、什么是5S
17		5S的常见认知误区：①S的个数越多越厉害（S不在于多，而在于精）；②推进5S就是跟员工过不去（应让员工有所受益）；③5S先干起来再说（5S推进需要必要的知识打底）	做好每个S；让员工有所受益；推进5S需要掌握必要的知识	
18		5S是十效大补丸，5S在一定程度上可以消除现场的十种不良现象	5S作为基础性工具的突出价值	

（续）

序号	章号	知识点	说明	对应小节
19	第四章	5S 对员工的三点好处：①为员工塑造了良好的作业环境；②让员工学习到 5S 的相关知识；③有助于提升员工职业素养	明确对员工的好处，获得员工的支持、配合及参与	一、什么是 5S
20		标识或可视化需遵循十字原则：易看、简洁、精准、统一、美观	既有实用性，也能增添现场美感	二、班组5S应做的八件事
21		3 个安全基本理念为墨菲定律、海因里希法则、危险预知法则，安全管理的各类方法主要依据这 3 个基本理念拓展而来	掌握基本理念，更易于了解安全管理方法的原理	四、班组安全管理
22	第五章	按照检验数量的多少，检验可分为免检、抽检与全检 3 种基本类型，3 种类型随着质量风险的变化以及实际的质量状况（检验结果）而改变	免检、抽检与全检的选择是动态的	一、质量的基本理念
23		质量的四条基本理念：①一开始把事情做对；②没有质量，就没有尊严；③产品在手中，质量在心中；④质量，始于教育，终于教育	有助于树立正确的质量观	
24		不合格品的管控四点：①标识；②隔离；③记录；④汇报	确保管控到位	二、班组质量管控四件事
25		丰田教育八原则：①站在对方的立场上；②动机是重要的；③从易到难；④一次一事；⑤反复进行；⑥强化印象；⑦利用感官；⑧理解功能	应与工作教导四步骤配套使用	

（续）

序号	章号	知识点	说明	对应小节
26	第五章	班组对 4M1E 的管控：①做好基本管控工作，使 4M1E 符合要求；②提升 4M1E 的水准，进而提升质量水准；③关注 4M1E 的变异，并予以管控；④从 4M1E 的角度分析质量问题	4M1E 即"人""机""料""法""环"，为质量的五大要素	二、班组质量管控四件事
27		员工的质量意识体现在 4 个方面：①按标准作业；②掌握必要的检验方法；③积极汇报现场问题；④有积极的认知	班组长应采取相应对策以提升员工的质量意识	
28		班组质量的四大戒律：①戒不按标准；②戒不传信息；③戒隐瞒不报；④戒数据造假	班组质量应遵守的清规戒律	三、班组质量管控的四大戒律
29	第六章	5W1H 是 Who、What、When、Where、Why、How 6 个英文单词首字母的缩写，5W1H 法可清晰描述一项工作的现状，这就提供了对现状质疑的基本路径	5W1H 法也被称为六何法	二、质疑法
30		ECRS 是 Eliminate、Combine、Rearrange、Simplify 4 个英文单词首字母的缩写，指用消除、合并、重组、简化的方式开展改善	ECRS 法是 5W1H 法的配套方法	
31		作业动作可分为五个等级，动作等级越高，动作复杂度越高，作业时长越长，强度越大	作业动作改善优先考虑降低等级或减小幅度	三、作业动作改善法

（续）

序号	章号	知识点	说明	对应小节
32	第六章	作业过程中存在着典型的八大损失，分别是：①过多或不恰当的搬运；②质量问题导致的时间损失；③安全事件导致停产；④人员状况导致停产；⑤物料不到位导致停产；⑥生产瓶颈的制约；⑦生产切换造成的等待；⑧设备故障导致停产	消除八大损失，可直接带来效率的提升	四、时间损失分析法
33	第七章	霍桑实验验证了良好的工作关系对效率提升的促进作用	提升工作关系，能预防因工作关系紧张导致的问题	一、工作沟通两大目标
34		沟通的三个基本理论：①非暴力沟通；②3V法则；③7C法则	有助于深入理解沟通内涵并掌握相关技巧	二、沟通的三个基本理论
35		踢猫效应：不良情绪存在从上往下的蔓延链	管理者需要控制好自己的情绪	三、沟通的四大注意事项
36		6秒法则：要发脾气，先忍住6秒（冲动往往是一瞬间的事，6秒给了人冷静的时间）	控制情绪的小技巧	
37		沟通的四大注意事项：①控制好自己的情绪；②体现真诚与尊重；③抓住事理，阐述清楚；④建立长期信赖关系	使沟通发挥良好的价值	
38		班组长激励的五种方法：①善用表扬；②恰当地批评；③让员工有所成长；④给员工参与的机会；⑤善用寒暄	班组长可用的激励方法	四、班组长激励的五种方法

测试题

一、填空题（每空 1 分，共 35 分）

1. 企业设置班组长这个岗位，常常隐含了对这个岗位的三点期望，分别是（　　）、（　　）、（　　）。

2. 工作事实上包含两个部分，一部分是日常作业，另一部分是（　　），日常作业占比一般为 85% ~ 95%，（　　）占比为 5% ~ 15%。

3. 班组长在生产巡线过程中为更好发现问题，可采用清单法、（　　）法、（　　）法。

4. PDCA 又称戴明环，其在班组工作中有三个典型运用场景：一个是每日工作目标的达成，一个是（　　），还有一个是（　　）。

5. 作业关键点通常指关乎（　　）、关乎（　　）、（　　）的作业方法。

6. 5S 整顿中的三定管理指（　　）、（　　）、（　　），三定管理也被称为定置管理。

7. 5S 中第 1 个 S 整理的价值在于节约（　　）；第 2 个 S 整顿的价值在于节约（　　）；第 3 个 S 清扫除了清扫环境，还有（　　）的含义，清扫过程鼓励运用的 4 个身体部分分别是（　　）。

8. 可视化追求的"四个一"效果是（　　　）、一目了然、一触即发、一步惊心。

9. 安全管理中，"凡是可能发生的，终会发生"，这说的是（　　　）定律。

10. 检验是一种务实且必要的质量管控手段。按照检验数量的多少，检验可分为（　　　）、（　　　）与（　　　）这三种基本类型。

11. 管控不合格品需要做到四点：标识、（　　　）、（　　　）、汇报。

12. 在班组质量管控中，员工质量意识的提升有一个重要前提，就是（　　　）须具有良好的质量意识。

13. 效率可简略表示为单位（　　　）内的（　　　）产出。效率提升中的 ECRS 法也被称为（　　　）法。

14. 沟通的 3V 法则中，（　　　）内容的影响力仅占 7%，（　　　）的影响力占 38%，而（　　　）的影响力高达 55%。

15. 沟通中，（　　　）是沟通的前提，（　　　）是沟通的基础。

二、判断题（每题 2 分，共计 20 分）

1. 改善中的"0.6 秒法则"，指凡是可以节约 0.6 秒作业时间的改善都值得高度重视，说明改善应从小处着手。（　　　）

2. 沟通中，控制情绪有一个名为"6 秒法则"的小技巧，当有情绪爆发倾向时，先忍住 6 秒，6 秒通常可以使一个人冷静下来。（　　　）

3. 6S 比 5S 更为厉害，因为多了 1 个 S。（　　　）

4. 5S 工作属于实干型事务，所以不需要掌握所谓的 5S 知识。（　　　）

5. 可视化看板的设计应遵循易看、简洁、精准、统一、美观的十字原

则。（　　　）

6. 安全管理中，"吓一跳"事件并未造成真正的伤害，所以不需要过
  多关注。（　　　）

7. 质量检验中，一旦在免检、抽检、全检三种方式中选定一种，就不
  能再变动。（　　　）

8. 在提升效率的质疑法中，应用 ECRS 法质疑，用 5W1H 法开展改
  善。（　　　）

9. 作业动作改善法中，动作等级越高，员工作业越轻松。（　　　）

10. 沟通中，要全面有效地传递信息，应参照 7C 法则，即传递信息
  应符合正确、完整、言之有物、清晰、礼貌、简明、体贴的标准。
  （　　　）

三、选择题（每题 3 分，共 45 分；1～10 题为单选题，11～15 题为多选题）

1. 班组长要管好班组团队，首先要管好自己，因此需要遵循（　　　）
  的做法。

  A. 顺势而为　　　　　　　　B. 以身作则

  C. 管好"老油条"　　　　　D. 给众人信心

2. 企业对班组长通常有三点期望，其中最大的一点期望是（　　　）。

  A. 定心于现场　　　　　　　B. 体现务实性

  C. 提升执行力　　　　　　　D. 善于"救火"

3. 时间四象限管理中，做好（　　　）的事务通常是练内功、从根本进
  行提升的机会。

A. 既重要又紧急　　　　　　B. 重要不紧急

C. 不重要但紧急　　　　　　D. 不重要不紧急

4. 关于"问题是改善之母"这句话，解释正确的是（　　　）。

A. 问题越多越好

B. 小问题没有解决的必要，只有大问题才有解决的价值

C. 问题来了，不要急着去解决，让问题酝酿一段时间，解决起来更加锻炼人

D. 对待问题需要有正确的认知，不要被问题吓倒，问题的存在有积极的一面，能够引导我们开展改善工作

5. 关于 5S 与员工的关系，描述正确的是（　　　）。

A. 员工不需要理解 5S，他们只需要听令行事

B. 推进 5S 就是跟员工过不去，员工舒服了，5S 就退步了

C. 最好的方法是，每天给 5 分钟时间让员工做 5S 活动

D. 5S 对员工有一定的好处，班组长应阐明这种好处，以获得员工对 5S 活动的支持、配合与参与

6. 安全管理中，警示我们不能存有侥幸心理的法则是（　　　）。

A. 墨菲定律　　　　　　　　B. 海因里希法则

C. 危险预知法则　　　　　　D. 7C 法则

7. 生产切换中，将内部时间转为外部时间是重要的一步，以下说法正确的是（　　　）。

A. 内部时间指停机作业时间　B. 外部时间指停机作业时间

C. 内部时间越长越好　　　　D. 外部时间越长越好

8. 善用表扬与恰当地批评都能够起到激励作用，下列做法不恰当的是（　　　）。

A. 表扬要及时，且应该让当事人有成就感

B. 善用表扬，意味着需要带着善意发现他人身上的亮点

C. 批评常常带有负面效果，所以即便员工做错了，也不能批评

D. 通常认为，表扬与批评的比例掌握在 6∶1 的比例时，既能激励员工，也能保持团队的务实性

9. PDCA 用于解决问题时，常拓展为八大步骤，其中对应执行（Do）的步骤是（   ）。

A. 认识问题   B. 把握现状   C. 实施对策   D. 确认效果

10. 关于开早会的注意事项，正确的是（   ）。

A. 早会占用时间越短越好，尽量不要超过一分钟

B. 会议常常占用较多的成本，所以没事尽量不要开早会

C. 早会不需要事先准备，这样班组长主持早会时更有激情

D. 早会应该做必要的事先准备，这样能保障内容的条理性

11. 大多数企业的现场符合 3 个 70% 的特征，这 3 个 70% 指（   ）。

A. 70% 的人工作在现场

B. 70% 的问题发生在现场

C. 70% 的成本使用在现场

D. 70% 的时间应该用于改善工作而不是日常作业

12. 有助于减少设备故障或劣化的方法有（   ）。

A. 少开设备

B. 及时更换设备易损件

C. 日常点检与维护（紧固、加油、清扫、微缺陷恢复等）

D. 确保设备的良好工作条件（包括恰当的温度与湿度、稳定的电压以及防止野蛮操作等）

13. 班组报表填写的注意事项有（　　　）。

    A. 及时填写　　　　　　　　B. 确保信息的正确性

    C. 填写完整　　　　　　　　D. 集中统一填写

14. 有助于更好地解决问题的做法有（　　　）。

    A. 将问题描述清楚，方便后续分析与解决

    B. 找到问题的真因，便于对症下药

    C. 做好基础性工作，很多问题会消失无踪

    D. 所有问题都应等到发作再来个"瓮中捉鳖"，这样容易将问题解决掉

15. 唐僧能够树立威望的因素有（　　　）。

    A. 有定力

    B. 有一定的专业能力

    C. 与上司关系好

    D. 将自己的目标变成整个班组的目标

后　记

在这本书写就之前，我曾出过一本名为《质量管理实战》的畅销书，那本书写作了 20 天。原本以为，这本书的写作会如同上一本一样快，事实却不然，本书的写作花费了我半年时间。

正式动笔之前，我有意识地在微信公众号里创作了大量有关班组长的文章，因此本书的初稿完成极快，但初稿只是将那些文章简单地"组合"在一起，没有考虑整体性，可读性差，逻辑性也不强。后来，我删掉了约三分之一的素材，再经过大幅调整与精雕细琢，这才有了本书现在的样子，进而顺利并荣幸地同机械工业出版社签订了出版合同。

我之前有过图书出版的经验，深知一本书面世，是众人协作的成果，其中，作者甚至难以做到同三审三校的老师进行逐一的直接交流，他们将信息汇总在书稿上，由编辑老师反馈给作者。正是这种共同付出，使得这本书能够以一个紧凑的时间节拍完成各项流程并与读者见面，借此机会，我要向为本书付出辛勤劳动的出版社的各位老师说声谢谢！

收到出版合同的那一天，正是"五一"劳动节的前一天，4 月的最后一天。我特意拍了张图片，隐去必要信息后，发到了微信朋友圈，小小嘚瑟了一把。

很多网友知道我要出版有关班组长的书后，纷纷留言鼓励，或追问这本书何时能出版，或表述企业内班组管理的问题点，希望在书中能有所体现，在此，也向这些热心的网友说声感谢！

这本书的主要读者对象为班组长，也适合更高阶的管理者阅读。一方面，班组管理是企业各级管理者共同关注的一个领域，它关乎企业的执行效率；另一方面，书中很多内容只是将复杂的管理方法以一种简洁浅显的方式呈现出来，这部分内容对更高阶的管理者同样有用。

我同很多班组长打过交道，实话实说，班组长之间的水平差距非常大。可能对大多数班组长而言，本书难易程度适中，他们既读得懂，也能吸收不少新知识，而对部分班组长而言，本书确实存在知识点多、信息量大，少部分内容不易理解的问题。如果遇到这样的问题，我建议，不用着急，做点笔记，多琢磨一下，与身边的人探讨。随着读者工作实践的积累，原本看似颇难的知识点理解起来将变得轻松。

如果读者朋友想要与我联系，可添加我的个人微信：Writer-zhang。

人生海海，相识皆缘。最后，向正在阅读这本书的你表达我诚挚的谢意！

参考文献

［1］卢森堡. 非暴力沟通［M］.阮胤华，译. 北京：华夏出版社，2018.

［2］徐明达. 怎样当好班组长：让基层管理有效落地［M］. 北京：机械工业出版社，2009.

［3］俞朝翎. 干就对了：业绩增长九大关键［M］. 北京：中信出版集团，2020.

［4］柯维. 高效能人士的七个习惯［M］.高新勇，王亦兵，葛雪蕾，译. 2版. 北京：中国青年出版社，2016.

［5］键山秀三郎. 扫除道［M］.龟井明治，编. 陈晓丽，译. 北京：企业管理出版社，2018.

［6］格劳普，朗纳. 精益培训方式：TWI现场管理培训手册［M］.刘海林，林秀芬，译. 广州：广东经济出版社，2009.

［7］罗斯维尔. 小团队沟通课［M］.魏思静，译. 北京：中国友谊出版公司，2021.

［8］德鲁克. 卓有成效的管理者［M］.许是祥，译. 北京：机械工业出版社，2009.

［9］明茨伯格. 明茨伯格论管理［M］.闾佳，译. 北京：机械工业出版社，2020.

［10］张坚. 质量管理实战：方法、技巧与工具一本就够［M］. 北京：人民邮电出版社，2021.